ANGÉLIQUE VILLENEUVE

# LES FLEURS D'HIVER

rom



*libretto*

ISBN : 978-2-36914-386-4

*À Michel Villeneuve*

# 1

Elle n'entend rien. Ne pressent rien. Ça lui arrive d'un coup.

La petite est étendue sur le lit, elle fait la morte et Jeanne, à genoux, trempe le bord du torchon dans un fond d'eau, attrape un bras.

Comme chaque fois, Léonie tente d'échapper à la toilette. Inerte, aussi lourde que son jeune corps le lui permet, elle cligne des yeux, son nez se plisse et sa lèvre, légèrement tirée vers le haut et découvrant deux dents écartées, laisse jaillir la pointe brillante d'une langue piquetée de blanc.

Jeanne se redresse et examine l'enfant dans la semi-obscurité de la pièce.

Léonie.

Léo.

Ce qui lui reste.

Les mains de Jeanne sont étourdies d'ouvrage, son dos lui tire. Et tandis qu'elle ferme les yeux, relâche les épaules et la tête, tout l'air retenu lui sort d'un jet, en un cri rauque dont, à l'écouter, on ne saurait dire s'il est d'aise ou de douleur.

Au sol, à travers l'étoffe épaisse de la jupe, un mince objet sous sa rotule roule de droite et de gauche, sans doute la tige tordue d'un cep avec lequel, rentrant de l'école un peu plus tôt, la petite a joué distraitement.

Il va falloir allumer la lampe.

Léo. Ses doigts maigres sont gris et raides, de cette sorte de froid qu'on gagne à rester immobile. Jeanne se penche et soupire une grande haleine chaude sur leurs quatre paumes rassemblées, guettant plus haut, sur le visage dévoré de plissures, l'ébauche d'un sourire. De la pointe de ses cheveux échappés du chignon natté, puis des cils, elle effleure maintenant la poitrine bougeuse, les portions de peau que le tricot livre au jour.

La carcasse de l'enfant, emplie d'un rire frissonnant, est soudain giflée, à travers le mur, par la porte du logement voisin qu'avec violence on vient de refermer. Sidonie, pesamment, rentre chez elle et le fait savoir.

Léo tressaille, sans doute a-t-elle vraiment pris froid, à présent. Ce serait si bête qu'elle attrape mal. Depuis quelques semaines, la grippe attaque n'importe où. À l'atelier, une ouvrière que Jeanne connaît est morte en trois jours, fin septembre. La grippe espagnole. Tout le monde, autour, en parle et on frémit rien qu'à l'énoncé de son nom exotique.

Il ne faut jamais, on le sait, faire exprès d'avoir mal, d'avoir froid, d'avoir peur.

Alors Jeanne se met tout contre Léo, son torse plaqué lourd empêchant la petite de remuer. Elle lui souffle son chaud dans l'oreille, dans le cou. Sa joue se glisse entre les côtes, sa bouche renifle comme un nez et lui vient l'odeur de Léo, qui n'est l'odeur de personne, pas même celle, disparue, de son père.

Au bord du lit, les bruits du dehors s'évanouissent, engloutis par le grouillement tiédi de leurs sangs mélangés.

Il fait déjà bien frais en cette fin d'octobre et, se reprenant, Jeanne achève prestement la toilette. Le museau, l'arrière des oreilles puis les mains, l'une après l'autre ouvertes et retournées, sont parcourus par la toile humide sur laquelle se lisent encore, à la lumière jaune de la lampe qu'elle vient d'allumer, les empreintes des lavages précédents. Le grisé de leur crasse commune se superpose ici et là à de longues traînées qui semblent ensanglantées.

C'est que, depuis le récent retour de la bonne saison, sur ses doigts d'ouvrière fleuriste et partout dans la pièce, comme une poussière en suspension, flotte le fameux rouge, le *mauvais rouge* des pétales. C'est lui qui ombre le torchon, tandis que le vert terreux du papier est revenu teinter sa bouche, forçant Jeanne, régulièrement, à cracher une vilaine salive. Des centaines de fois par jour, pour les enrouler autour des ceps qui formeront les tiges, elle porte à ses lèvres les extrémités souples de bandes de papier vert gorgé de sels de plomb.

Léo est rhabillée, ses jambes fluettes engraissées de plusieurs paires de longues chaussettes enfilées les unes sur les autres. Accroupie, Jeanne fourrage à présent dans le poêle, juste de quoi faire renaître au-dedans un vague soupir orangé, juste de quoi, sur le dessus, amener à température suffisante le pot-au-feu de la veille.

Il ne faut pas trop exciter le charbon, il ne faut rien gâcher. Les affiches dans la rue le répètent constamment. Il faut tout faire durer.

Et surtout espérer que ce nouvel hiver ne sera pas aussi rude que celui de l'année précédente, pendant lequel, certains jours, pour se tenir au chaud elle avait été obligée de travailler couverte de l'intégralité de ses vêtements. Un soir, elle s'était même ajouté l'édredon par-dessus, s'inventant une sorte de hutte tiède qui chaque minute menaçait de glisser. Assise devant la table qu'elle avait déplacée de façon que sa chaise vienne se coller au poêle, elle semblait un gigantesque amas de linge d'où auraient émergé deux pattes noires en laine tirebouchonnée.

Avec une demi-grosse de ces dahlias rouges à finir avant

le lendemain, sa journée est loin d'être faite. Comme tant d'ouvrières en chambre, Jeanne peine à faire ses dix ou onze heures quotidiennes sans veiller au moins une partie de la nuit. En sus du travail, il y a la petite qu'il faut mener à l'école, les provisions, les livraisons, le ménage, le fourneau.

Et tandis que sa mère allonge d'un peu d'eau le bouillon, Léo chantonne entre ses dents, sans faire de bruit, le nez collé à celui de sa poupée de tissu. Elle est calme, et presque toujours gaie. Elle joue seule avec ses choses, dans son coin de carrelage. Et puisqu'elle ne réclame toujours pas son dîner, Jeanne décide de se mettre sans tarder à l'ouvrage.

Elle entrouvre la porte qui donne sur le palier. Ainsi, elle n'aura pas à se lever quand, tout à l'heure, Sidonie viendra chercher les cartons que le lendemain elle portera à l'atelier en allant livrer ses tabliers en calicot.

La lingère entrera simplement, sans toquer, comme à son habitude. Ensemble, elles s'assiéront un moment, boiront un petit verre de lait. Partageront un fond de vin, si Sidonie en a encore.

Dans la pièce où vacille la lueur de la lampe, semblant suivre l'interminable mélopée de Léo, l'odeur du pot-au-feu bouilli rebouilli monte lentement, attrape les narines et engourdit les doigts de Jeanne.

C'est peut-être pour ça qu'elle n'a rien deviné.

## 2

Pour commencer, elle n'entend pas les pas.

Pourtant, l'escalier de la maison est bavard. Ses marches grincent terriblement mais rien ne semble pouvoir franchir le rempart de la concentration de Jeanne lorsqu'elle est plongée dans ses fleurs.

Elle ne soupçonne pas davantage, inconnues et muettes, les sueurs de celui qui attend. Elle ignore la posture changée, la contracture douloureuse des épaules et du cou, des poignets.

Il se tient là pourtant depuis dix minutes au moins, en apparence immobile. Après les marches de bois voilé, c'est maintenant l'intégralité de son corps nocturne qui crisse, grimaçant dans un silence zébré de bleu.

Ces vêtements, capote raide qu'il a boutonnée jusqu'en haut, pantalon de drap et brodequins noirs cloutés, il ne les a pas portés ni même revus depuis des mois, allons, réfléchit-il, depuis des années. Ce sont malgré tout les siens, il les reconnaît.

Mais il les habite si mal. La charpente qu'ils abritent, insensiblement, s'est modifiée. Au moment de les enfiler, il a hésité, peut-être aurait-il dû choisir des effets civils, mais de toute façon, d'*avant* rien ne l'accompagne plus, seul au milieu de son passé il a survécu. Et dans quel état finalement, au-delà des apparences, il ne sait pas trop.

Jeanne, à la table, ne sent rien. Ces énormes dahlias rouges, il faut dire, avec leur douloureuse allure accentuée par la lumière de la lampe à pétrole, la saisissent tout entière en un long tourbillon écarlate. Le geste s'étire en elle au point de ne laisser nulle place où se disperser. Lorsque Jeanne dort ou ferme les yeux, s'absente en chair, en pensée, elle le sait : restent et resteront toujours les fleurs.

Sur la dernière grosse de dahlias à monter, il ne reste maintenant que quelques douzaines. Deux. Peut-être trois sur les six qu'elle avait à finir avant la nuit. Elle touche au but. Bientôt, Sidonie pourra venir, les mots couleront, elle lâchera prise. La journée sera pleine.

Léo, après son dîner de bouillon où flottaient trois ronds de carottes et le souvenir d'une viande filandreuse, a fini par s'endormir enfin, la tête délicatement posée à côté de son oreiller, le bras lancé au-devant. Jeanne n'a pas besoin de la regarder.

Lui, de l'autre côté du battant à peine entrebâillé, ne distingue, en un long ruban, que la partie droite de l'ouverture donnant sur le débarras noir.

Au début, il a trouvé ça un peu drôle, cette porte qui n'était pas close. Est-ce qu'elle était à l'intérieur, Jeanne, au moins ? Il s'est inquiété. Il en a tant entendu, des histoires à propos des femmes laissées.

Mais, tendant l'oreille, il perçoit bientôt et distinctement les cliquetis familiers. Depuis qu'il est parti, il s'est habitué à mieux écouter. Ce qui menace, et puis ce qui rassure. Et la musique de Jeanne, à son grand soulagement, lui est là restituée, inchangée et fidèle. Le frottement des doigts dans les boîtes où elle pioche les petits paquets de pétales, de bractées ou de feuilles déjà teints. Son fredon si particulier, semblable au bourdonnement d'une guêpe. Les boules de différents calibres qu'elle manipule et chauffe. La pince qu'elle pose et reprend.

Tout lui revient.

C'est sa peur à lui, qui est différente. Et pourtant.

Pourtant.

La peur.

Ici, rue de la Lune, ou avant, à Belleville, il n'a jamais eu peur. Pas peur d'elle, pas comme ça.

Il pense soudain au fromage. Là, dans sa musette, le gros morceau sec et d'un bel orangé qu'il garde depuis des jours. Le fromage, il se dit, le fromage pourrait être un laissez-passer, un cadeau de roi mage. Sous sa paume, le renflement du havresac l'aide à se mettre en mouvement.

Il pose la main à plat sur le bois, et puis s'appuie, d'abord faiblement puis, prenant sa respiration, avec une belle ampleur.

C'est fait.

Il a poussé le battant mais reste sur le palier, bien droit, dans l'obscurité. Alors Jeanne, subitement, lève la tête, les yeux encore trempés du rouge des dahlias.

Si on le leur demandait, maintenant, à l'un et à l'autre, il est probable qu'ils ne sauraient pas. Ce qui s'est passé. Ce qu'ils ont pensé, ressenti, à ce moment-là.

Peut-être que ça, oui, elle l'aurait dit, Toussaint est grandi. Puisque sans réfléchir, bêtement, elle s'est dit qu'il avait poussé, pendant la guerre, que cet homme qu'on lui rendait, après des années de noir, prenait tout le large et le haut de la porte.

Depuis trente mois, les seules qu'elle ait vues s'afficher là, Sidonie, Léo, la mère Birot, la concierge, étaient incontestablement d'une autre viande. Et puis Toussaint, à l'instant, se gonfle tant qu'il peut, écarquillant les poumons, rentrant le ventre et crispant les longs muscles de ses cuisses, raidi, comme pour parer un coup.

Jeanne reste d'abord plantée sur sa chaise, tout entière à le regarder et le fuir. Elle sait où il faut voir pourtant, où il faudrait chercher, mais ça bondit, ça lui échappe. Ce qu'elle comprend c'est qu'il est grandi, et beau dans son uniforme, et étranger aussi.

Elle ne se dit pas, il est là, elle se dit, c'est là. Cette chose inconnue qui lui vient. Ce qu'elle craignait, ce qu'elle désirait. C'est là. Ça va entrer, ça va faire sa vie avec elle, avec Léo aussi, ça va venir là, dans cette chambre par eux si peu partagée depuis qu'ils ont quitté Belleville.

Il était loin, il n'avait plus de chair, plus de bruits, plus de mots. Maintenant c'est là et lui, Toussaint, est bien plus haut qu'avant.

Jeanne bredouille sans bruit, se reprend, essuie sa bouche verte, se résout à poser sa pince et à se lever, puisque lui n'entre pas et attend, immensément rigide. Elle n'a pas crié, pas même sursauté, elle n'a pas pu, et pourtant voilà que Léo dans le lit se dresse et les dévisage l'un puis l'autre, bouffie, échevelée, inquiète.

Toussaint a choisi son heure.

De l'ombre, il désirait l'assistance, et la voilà autour de lui, aussi douce qu'un faisceau de plumes. C'est comme si la nuit d'octobre, dans son dos, lui faisait appui. La pièce, au-devant, est tendre, saturée d'odeurs ordinaires.

Depuis le temps qu'il est prêt, même en visant le jour tombé il aurait pu arriver plus tôt. Mais il a traîné, repoussant le moment où, devant lui, s'ouvrirait la rue de la Lune. Il est venu à pied, lui qui n'est plus rompu à la marche, à l'effort, lui qui est différent d'avant. Il a mis longtemps. Il n'a pas compté. Dans les rues, sur les Grands Boulevards en particulier, la circulation était moins dense qu'autrefois mais il y avait encore du monde.

Ils ont dû le scruter, lui, sans doute que l'un ou l'autre des passants, civils ou militaires, est allé jusqu'à l'interpeller. Mais il n'a rien entendu, n'a rien vu. En lui-même il s'était serré. Les promeneurs n'étaient plus qu'une masse animée, un grouillement.

Il a perçu le froid, l'odeur mouillée, les mouvements d'air et de couleurs provoqués par le déplacement des tramways et des autos-taxis. Les bruits de Paris. Avant de sortir, il avait l'impression qu'il ne parviendrait pas, enfin si lentement, à s'y réhabituer. Et pourtant, tout est là, comme naguère ou à peu près, finalement pas si impressionnant que ça. Ce sont les gens, qu'il ne voit plus.

Il n'a fait qu'avancer, parfois se perdant, changeant sans motif de trottoir ou de rue, mais traçant sa route. Et pour finir, emporté par l'élan, il est entré dans la maison ouvrière de ce quartier presque inconnu, où sa femme et sa fille vivent seules depuis trois ans et demi.

Il a eu de la chance. Lorsqu'il est passé devant la loge éclairée, sans crier son nom, la concierge n'a rien remarqué, n'a pas pu le héler.

Léo, craintive, a fini par se glisser hors du lit. Jeanne lui jette un œil et risque quelques pas. C'est son tour.

Il n'y a pas long à faire. Chez elle, enfin chez eux, ça n'est pas grand. Une pièce flanquée, sur le côté, d'un étroit débarras où elle entrepose des affaires.

C'est tout. Mais c'est loin. C'est loin et c'est trop près.

Jeanne s'avance vers lui et ses yeux sautillent, elle les voudrait solides et voilà qu'ils sursautent, indociles.

À cet éclair blanc, là-bas, ils se brûlent.

Elle aimerait sourire et ouvrir les bras et elle se sent gourde, chaude, plus rouge que le gros dahlia rouge abandonné, à l'arrière, sur la table. Elle se voudrait bonne et remplie de lui. Elle voudrait pouvoir approcher Toussaint, lever vers lui un visage clair, elle voudrait n'avoir qu'un seul sentiment et ne rien inventer, et puis voilà que tout s'embrouille, rien n'est comme elle a prévu et elle n'a rien prévu, pas voulu y penser, pas pu croire qu'un jour ça allait vraiment arriver.

Puisqu'elle ne peut se planter devant son mari, s'écrier, se hausser, l'embrasser, elle s'approche au plus près, des deux bras lui saisit le torse, pose une joue sur le drap de sa capote et attend.

# 3

Elle se souvient du jour de la mobilisation. Par la suite, avec ses voisines et une quantité de gens, y compris ceux avec qui, en temps ordinaire, elle n'aurait pas échangé une parole, Jeanne a sans fin remâché cette journée.

Bien sûr, chacun se rappelle ce qu'il faisait ce samedi d'août 1914, et où il se trouvait lorsque, pour la première fois, il a vu les affiches, entendu le tocsin ou reçu l'information d'une personne mieux informée que lui.

Sidonie l'a appris de son fils Eugène, qui tenait la nouvelle de son patron, boucher rue Thorel.

Jeanne et Sidonie sont voisines de palier. Juste en haut de l'escalier du quatrième, Sidonie occupe deux pièces sombres dans l'une desquelles elle s'échine à l'ouvrage depuis l'époque de son mariage avec Albert, seize années plus tôt.

C'est elle qui des deux est l'aînée.

Lorsque au printemps 1915, chassée de son garni de Belleville, Jeanne s'est installée ici avec sa fille, c'est Sidonie qui a tout expliqué, a montré où et comment aller chercher l'eau et utiliser au mieux les latrines situées à mi-étage, a dit quoi penser des locataires du premier et du sournois négociant en corail qui, à l'époque, occupait encore l'échoppe du rez-de-chaussée. Sidonie qui a attiré sur Jeanne les bonnes grâces du boucher chez qui son fils était apprenti. Elle encore qui a essayé, mais sans succès cette fois, de l'attirer là-bas, à l'église.

Alors elles se voient souvent, les deux, partagent le peu qu'elles ont, le café, le chauffage, le manque de café, le manque de chauffage. Le silence et l'absence. La soupe aussi, de temps en temps. Ensemble, elles ont réfléchi à la meilleure façon d'éplucher les légumes pour gaspiller le moins possible. Elles ont appris à cuisiner le gras et l'os, à faire des briquettes à brûler avec des vieux journaux. Sur le balcon de Jeanne, l'année passée, elles ont fait pousser un chou dans une casserole percée et l'ont mangé à deux, feuille après feuille.

Avec la guerre, les commandes aux ouvrières à domicile sont de plus en plus maigres, incertaines. Jeanne a de la chance, elle est qualifiée, appréciée, elle a pu garder du travail quasiment toute l'année. Les bras, certes, sont moins chargés, les poches moins garnies mais elles font face ensemble. Puisque le grand magasin qui emploie partiellement Sidonie comme lingère à façon n'est pas très loin de l'atelier de fleuriste, puisqu'elles n'ont pas de quoi se payer de commissionnaire, elles s'arrangent pour les livraisons.

Eugène avait dix-sept ans au jour de la mobilisation, autant dire qu'il était sauvé. Pourtant, aussitôt la chose annoncée il avait fait part à sa mère de son désir de devancer l'appel. Il allait s'engager. Et un soir, vers le début du mois de septembre, le gosse avait disparu.

Une carte était arrivée.

Eugène était dans les Ardennes.

À ce moment-là de la guerre, on était encore optimiste. En quelques semaines, répétait-on, ce serait plié.

On disait ça, ce sera plié. On allait les écrabouiller. Joffre avait affirmé qu'on n'aurait même pas le temps de fabriquer des casques pour les soldats : les Boches, de toute façon, il les tordrait avant deux mois.

Il n'y avait guère à s'inquiéter. Bientôt, le petit serait de retour et reprendrait sagement le travail à la boucherie rue Thorel.

Mais Sidonie gémissait. Qu'avait-elle donc fait au bon Dieu ? Certains, dans le quartier, ne pouvaient s'empêcher de se poser justement la question. Elle ou bien l'un des siens avait dû lui faire quelque chose, au bon Dieu, tout de même. Une semblable traversée d'épreuves ne pouvait tenir simplement au hasard, et tant de châtiments empilés les uns sur les autres se devaient d'apaiser le courroux d'un créateur extraordinairement offensé.

Quel était le péché au juste, nul ne savait.

Qu'importe. En septembre 1914, rue de la Lune et au-delà, personne n'avait eu le cœur à railler la peine et les hauts cris de Sidonie. La pauvre, elle était bien à plaindre. À chaque foyer il manquait un, deux hommes ou même davantage, mais quand la lingère se mit à sangloter dans les rues on hocha la tête et pudiquement se tut.

Le jour de la mobilisation, Sidonie le passa pour une grande part à l'église voisine. Jeanne, par la suite, s'était souvent demandé pourquoi on l'avait appelée ainsi, cette église. Notre-Dame-de-Bonne-Nouvelle.

Pour la vieille mère Birot, la voisine de gauche, c'était une autre histoire.

Celle-ci ne s'était pas mariée, n'avait jamais enfanté et le seul homme que de toute sa vie elle pleura fut son père dont, un soir de février 1917 où la rigueur du climat leur avait fait partager l'intimité d'un même couchage, elle avait dit un mot, modeste et définitif, à ses compagnes de froidure.

Depuis bien longtemps, la mère Birot survivait en faisant du triage de linge sale dans une grande blanchisserie du boulevard Poissonnière. Malgré ses années et sa malingre complexion, comme plus de mille autres ouvrières elle fut engagée en février 1915 dans un atelier de camouflage dans le vingtième arrondissement.

Là, avec des filles dont elle avait trois ou quatre fois l'âge elle travaillait onze heures par jour, six jours sur sept. Et lorsque le soir elle rentrait rue de la Lune, la mère Birot était privée de forces mais rassasiée de l'apaisante sensation de servir plus grand qu'elle.

Le jour de la mobilisation.

Jeanne y repense. Cette journée de soleil avait une luminosité trop forte et des contours flous. Si elle en parle autant, avec n'importe qui, c'est sûrement pour savoir enfin ce qui s'est passé. Comme si l'histoire des autres, en creux, pouvait lui raconter la sienne.

Qu'avait-elle compris, Jeanne, quand partant livrer l'atelier elle avait remarqué cet attroupement devant la brasserie ? Une affiche était placardée sur le mur. À son tour, elle s'était approchée et, jouant des coudes, elle avait pu lire.

L'idée que Toussaint allait partir à la guerre ne lui est pas venue tout de suite. La guerre, de toute façon, n'était pas du tout mentionnée sur l'affiche. Au beau milieu, écrit en gras, il y avait ces mots, *Tous les hommes*. Ça, elle s'en souvient. Tous les hommes.

La foule, autour d'elle, grouillait de phrases, de hochements, et dans son effroi excité ne formait qu'un seul corps dont, dès le début, Jeanne s'était sentie étrangère.

Tous les hommes. Assurément, ni elle ni son enfant n'en faisaient partie. Quant à Toussaint, bien sûr Toussaint était un homme, l'affaire n'était pas là.

Ça n'était pas pareil, ça ne comptait pas. Il était le sien.

Le sentiment confus que la dénomination Tous les hommes ne le concernait aucunement était peut-être saugrenue, mais l'idée qu'ils allaient s'élancer d'un seul coup, les hommes, en un même long troupeau, l'était au moins autant. Toussaint était père de famille. Léonie n'avait pas encore sept mois. Toussaint était à elles.

Jeanne avait secoué la tête. L'affiche parlait d'un autre monde. D'autres gens.

Ils resteraient ensemble. Ils étaient et se maintiendraient trois. Jeanne, Toussaint, Léonie.

Ensuite, piochant de l'œil au hasard, ne pouvant se résoudre à parcourir le texte dans le bon ordre, de gauche à droite, de haut en bas, elle avait attrapé d'autres mots.

Sous peine d'être punis avec toute la rigueur des lois.

Que leur passait-il par la tête, à la fin. Ni elle ni Toussaint ne lui semblaient coupables.

Quelqu'un, à ce moment, l'avait bousculée, elle et son encombrant barda de clématites neuves et encartonnées. La bordure crochue d'un canotier l'avait heurtée à la tempe et elle avait été emportée, loin de l'affiche et de ses drapeaux, loin de Tous les hommes.

À pas lents, elle était allée livrer l'atelier. Là-bas, personne ne parlait de mobilisation. Ou alors elle n'avait pas voulu entendre. Elle avait déposé ses fleurs, fait signer son carnet de paye et emporté le matériel nécessaire à sa nouvelle commande.

De retour chez elle, elle avait récupéré le bébé confié à une voisine, l'avait couché aussitôt. Et au lieu de se mettre au travail, fébrilement elle avait fouillé le bahut. C'est là, elle s'en souvenait, qu'était remisé le livret militaire. Elle l'avait ouvert, comme si, forcément, allait s'y trouver une réponse, ou tout au moins la confirmation de son intuition.

Elle avait lu.

Caillet, Toussaint. Classe 1907.

Cheveux : blond foncé. Yeux : bleus. Front : inclinaison verticale, hauteur moyenne, largeur moyenne. Nez : rectiligne, base relevée, hauteur moyenne, saillie moyenne, largeur moyenne. Visage : ovale. Taille : 1,79 mètre.

À Renseignements physionomiques complémentaires, on avait noté, bouche : pleine. Menton : saillant.

Plus loin, on disait que Toussaint savait lire et écrire. On disait qu'il ne savait pas nager.

Et de chaque feuillet bondissait, hérissé, ce mot par elle refusé. Tableau indiquant les mesures de l'homme, Classe dont l'homme fait partie, Effets emportés par l'homme.

Tournant trop vite les pages, debout au jour de la fenêtre Jeanne respirait avec difficulté. Elle ne l'avait pas reconnu, Toussaint. Même sur la photo il arborait cet énigmatique demi-sourire, à croire qu'il pouvait lui cacher quelque chose.

Si ce carnet, qui contenait le fascicule de mobilisation, était la preuve irréfutable que Toussaint faisait partie de Tous les hommes, il faudrait donc le mettre en lieu sûr le temps que ça leur passe, cette fantaisie, que l'affiche soit oubliée.

Elle y avait réfléchi une bonne heure, le livret glissé au chaud de son corps, entre sa peau et sa chemise. Et puis elle n'avait pas osé. Espérant confusément que Toussaint ne l'y trouverait pas, elle l'avait replacé au fond du bahut, encore tout empoissé de sa sueur troublée.

Et l'après-midi elle avait mal travaillé, se tortillant sur sa chaise devant sa commande d'anémones, guettant sans le vouloir, par la fenêtre grande ouverte, la rumeur de la rue. Elle aurait voulu que quelque chose se passe, là-dehors, éclate. Ramène le monde à sa raison à elle.

Il fallait qu'elle s'y mette, à ses fleurs, qu'elle avance. Lorsque se reprenant elle s'y plongeait enfin, elle gaufrait avec tant d'empressement, la boule était portée si chaude que plusieurs pétales blancs, déformés, roussis par le fer, avaient été perdus.

Elle claquait de la langue avec impatience, cherchant à rattraper le geste tranquille des jours. Il fallait revenir à sa place, il fallait revenir dans ses mains. Quand on a de l'ouvrage, en août, mieux vaut ne pas compter sa peine. Car avant le flot des fleurs d'hiver en octobre, l'été est la morte-saison des fleuristes.

Depuis sa sortie de l'école d'apprenties, Jeanne, ouvrière qualifiée dans la Naturelle, travaille à domicile pour une maison réputée. Elle est plutôt mieux lotie que les autres, mais les mauvaises années, ce sont plusieurs semaines à la suite qui, malgré tout, peuvent être chômées à la saison estivale. De juin à septembre au moins, on s'exhortera à ne jamais traîner. Si on flanche, si le désert s'ouvre, on peut toujours rejoindre les plumassières, mais la Fleur, surtout la Naturelle, paiera toujours un peu mieux que la Plume.

Certaines, à l'atelier, se rabattent paraît-il sur les fleurs en celluloïd. Les couronnes mortuaires sont en vogue toute l'année. Mais même avant la guerre, Jeanne n'avait pas voulu.

Alors, devant sa table, elle s'était obstinée.

La mobilisation.

Elle y réfléchissait encore.

La guerre.

Qu'est-ce que c'était, la guerre ? Une masse énorme, grise, impalpable, impossible. Incompréhensible. Ces mots-là, ceux de l'affiche et ceux des autres, n'étaient pas des mots pour eux.

Et pourtant, malgré son obstination et l'énergie qu'elle mettait à faire tournoyer dans sa tête mille arguments irréfutables qui prouvaient qu'il s'agissait là d'une lubie, d'une trop grande précipitation du gouvernement ou d'une obscure affaire de militaires, sa certitude d'y échapper avec Toussaint se fissurait au fil des heures.

À la fin de la journée, après la tétée, portant Léo repue sur la hanche elle était allée se poster devant la fabrique de chaussures où Toussaint était alors monteur, rue Pixerécourt. Cela n'arrivait pas souvent qu'elle se déplaçât jusque-là, en général elle avait trop à faire avec son propre ouvrage. Mais bien sûr, et Jeanne le savait aussi bien que les autres, le 1er août 1914 n'était pas un jour ordinaire.

Juste avant d'arriver, elle était passée à la Bellevilloise voisine, avait acheté du cresson que Toussaint adorait, du saucisson de cheval et des macaronis. Et en sortant, comme par un pernicieux hasard la plaque de l'impasse minuscule dans laquelle se trouvait la coopérative lui avait sauté au visage. Ça s'appelait impasse de l'Avenir et Jeanne avait détourné les yeux.

Devant la porte de la fabrique, elle n'était pas seule à attendre. Elles étaient là, les femmes, la plupart par groupes de deux ou trois, toutes au visage inquiet.

Et lorsque, scrutant la masse des ouvriers qui, enfin, giclait sur le trottoir, Jeanne avait aperçu Toussaint au milieu, en grande conversation, agité, elle avait fléchi, s'était dit que non, elle avait mal jugé.

Là, parmi les monteurs, les coupeurs, les couseurs, les finisseurs et les afficheurs de semelles, son mari n'était-il donc, pour finir, qu'un parmi Tous les hommes ?

Dans son cou, effrayée par le brouhaha, la petite Léonie avait laissé choir son crâne pelucheux.

Et puis soudain, Toussaint s'était tourné dans leur direction, les sourcils froncés. Son regard avait balayé distraitement les façades et puis il l'avait vue, elle, appuyée contre la maison d'en face, il s'était cogné contre elle immobile avec le bébé, avec son chignon natté et ses yeux perdus, noirs, il l'avait trouvée et son visage s'était empli d'une telle sève, d'une si violente lumière que Jeanne avait serré les poings.

Elle avait raison, Toussaint ne serait jamais englouti dans l'océan de Tous les hommes, elle aurait raison, il ne partirait pas.

# 4

Aussitôt après son admission à l'hôpital du Val-de-Grâce, Toussaint avait envoyé une courte lettre à sa femme.

*Je veux que tu viennes pas.*

C'est ce qu'il avait écrit.

C'était clair, sans appel. Ça n'attendait pas de réponse, et d'ailleurs Jeanne n'en avait pas donné.

Depuis, chaque mois à date régulière, le blessé avait fait parvenir une carte sur laquelle il se contentait, invariablement, d'indiquer que sa santé était bonne.

À la première lecture de cette lettre, en janvier 1917, Jeanne s'était sentie troublée, déçue, puis, prenant conscience de ce que ces mots signifiaient véritablement, mordue comme par un chien énorme. Nul ne savait combien de temps pouvait prendre une telle guérison, et neuf mois s'étaient écoulés déjà depuis la dernière permission.

Au-dessus d'elle, accroché sur le mur, son portrait, en soldat, qu'elle ne pouvait plus regarder.

Après quelques heures, malgré tout, elle s'était trouvée soulagée, à la fois qu'il fût vivant, soigné, hors de danger, au chaud, mais aussi, peut-être, allégée de ne pas avoir à se confronter à lui.

À ça.

Pas maintenant. Elle n'était pas prête. Elle ne savait pas,

d'ailleurs, comment s'y préparer, ni même si un moyen de s'y préparer existait véritablement.

Elle s'était crue calmée. Dans la boîte en fer où depuis le commencement de la guerre elle rangeait son courrier, elle avait placé doucement, par-dessus la lettre officielle qui un mois plus tôt l'avait avertie, ces mots qui depuis la tenaient à l'écart.

Au début de cette année-là, les conditions météorologiques étaient exceptionnellement rudes. Après l'arrivée de la lettre, le froid et la lutte de chaque jour avaient saisi le corps et l'esprit de Jeanne tout entière. Jusqu'à ce que la température se radoucisse et que les heures retrouvent la lumière, elle s'était échinée à dégoter du charbon ou du bois pour son poêle et de quoi mettre à cuire sur le dessus.

C'était alors la haute saison, celle des fleurs qu'en hiver on prépare pour les chapeaux et les toilettes d'été. Malgré la guerre, il y avait du travail et elle s'était aussi jetée là-dedans, plus que jamais. C'était une rage qui la prenait, perdant sa chair. Son courroux avalait la poudre vicieuse du mauvais rouge et suçait les sels du papier au plomb, son chagrin se crevait les yeux au milieu des nuits froides et enfin, hébétée, courbatue, elle pouvait tomber habillée sur son lit à côté d'une Léo minuscule, comme un cadavre délivré.

Aux premières heures du matin, elle se réveillait toujours en sursaut. Il aurait fallu se lever, se remettre aussitôt à l'ouvrage, mais, pendant des mois, les mots de Toussaint l'avaient assaillie.

Les mots étaient noirs.

Je veux que tu viennes pas.

La singularité de la formulation finissait par tant l'intriguer que Jeanne essayait d'y lire ce qui n'était pas écrit. Pourquoi n'avait-il pas ajouté, comme il le faisait si souvent, ma petite chérie, pourquoi n'avoir pas dit, c'est mieux que tu viennes pas pour l'instant. Ou il faut être patiente, ou le médecin préfère qu'on attende pour la visite, ou, au pire, je voudrais pas que tu viennes.

Toussaint n'avait rien choisi de cela. Peut-être en avait-il assez de ne pas vouloir, puisqu'il n'était jamais entendu. Il avait informé sa femme de ce qu'il voulait, non de ce qu'il ne voulait pas.

Je veux que tu viennes pas.

Elle se torturait avec cette phrase. Est-ce qu'il y avait un sens caché dans la lettre? Comment faisait ce *pas* pour la frapper de la sorte au visage, avec une telle puissance?

Et de tous les mots rangés dans la boîte en fer, ne lui revenaient que ceux-là, les derniers. Il y en avait pourtant tant d'autres, empilés dans l'ombre à l'odeur de rouille.

Ils ne disaient rien, en vérité, les autres mots, ne racontaient rien. Mais ils étaient là.

Ma petite chérie, ils disaient donc.

Ils disaient Je t'écris. Ils disaient Je t'écris pour te donner de mes nouvelles, et n'en donnaient jamais vraiment.

Les mots avaient bien reçu le colis avec le tricot, les chaussettes, le pâté. Les mots étaient en bonne santé, ils espéraient que Jeanne et la petite l'étaient aussi. Les mots cherchaient les ressouvenances de la vie d'avant. Ils disaient le ciel est très bleu.

Une fois ou deux, les mots avaient passé trois jours couchés dans un trou d'obus, ils avaient transporté des sacs à terre toute la nuit ou veillé au créneau sous la pluie, sous la neige. Ils avaient passé leur peau entière au Crésyl, à cause des poux qui ne cédaient pas, increvables, les poux. Si elle voyait ça, Jeanne, autant de vermine, elle n'en reviendrait pas.

Les mots avaient reçu une carte du père, qui avait joint dix francs. Ils pensaient que Léo avait bien grandi, bien changé, qu'elle avait dû se mettre à marcher, à parler.

Ils ne livraient aucune vérité de la vie sur le front. Et s'ils dissimulaient les cauchemars, ce n'était pas seulement à cause de la censure qui proscrivait toute critique, toute parole alarmante. Les mots donnaient simplement à lire ce qui, à l'arrière, pouvait être supporté.

Et ils venaient, fidèles, se déployaient dans l'air. Pensaient à elle.

Ils attendaient ses lettres. Ils remerciaient. Ils embrassaient. Ils étaient, les mots, le plus souvent et surtout, en excellente santé.

Elle les guettait avec tant d'impatience. Car les mots disaient ce que pour finir ils étaient tous les deux. Elle vivante et lui vivant, entremêlés de leurs pensées.

Si la carte s'accompagnait de fleurs séchées, de feuilles par lui ramassées, avant de lire Jeanne s'immobilisait de longues minutes penchées, et les effleurait du doigt, comme elle aurait regardé et touché sa peau à lui, sa bouche.

Avec tant de bonne volonté, de bonne foi, elle lui renvoyait alors par écrit ses propres mensonges, dissimulant la peine, la solitude, le manque d'argent, les intarissables chèvrefeuilles, lilas, jasmin ou roses Noisette qui, de l'atelier à la rue des Cascades où elle logeait en ce temps-là, dans le quartier de Belleville, ou, plus tard, rue de la Lune, faisaient d'incessants va-et-vient. Elle assemblait ces fleurs jusqu'à tomber, jusqu'à tard dans la nuit sentir sur ses joues une eau brûlante qui versait d'un coup, parce que l'entrepreneuse en voulait toujours davantage, et pour de moins en moins de salaire. Parce qu'elle était sans lui.

Elle passait sous silence les mains raides à force de froidure, de mouvement répété, taisait les queues interminables pour des pommes de terre ou une pauvre côtelette dont le prix avait triplé, les visites répétées aux œuvres sociales de la mairie du vingtième puis du deuxième arrondissement, les misères que lui faisaient les concierges, les menaces du propriétaire, la varicelle et la toux de Léo, le charbon qui manquait, la fièvre immense qui, l'une puis l'autre, des jours durant les avait tenues.

Et elle cachait surtout, comme un secret qu'elle voulait qu'entre les lignes il découvre tout seul, le désir têtu qu'elle avait de Toussaint.

Avant la guerre, bien sûr, ils ne s'étaient jamais écrit. L'encre et le papier n'étaient pas une façon de communiquer. À la vérité, ils n'avaient guère été séparés que quelques jours, lorsqu'il était arrivé que Jeanne retournât à la ferme à Replonges, dans l'Ain, visiter sa famille dont un des membres était souffrant, et en été seulement, pendant la morte-saison. Les mots écrits entre eux, ça n'avait jamais existé. Et puis voilà qu'avec la guerre les lettres étaient apparues, volant de l'un à l'autre.

Tracées en grosses boucles noires, leurs lignes ondulantes et serrées aspiraient l'intégralité du blanc de la carte, pour montrer qu'ils avaient dit tout ce qu'on pouvait dire, qu'ils n'étaient pas restés secs et qu'ils ne cachaient rien.

Les lettres se piquaient çà et là de fautes d'orthographe et de phrases boiteuses dont ni Jeanne ni Toussaint ne s'embarrassaient, car leur orthographe, leur grammaire témoignaient d'une ardeur, d'une fantaisie et d'une tendresse sur lesquelles la guerre, qui avait bouleversé tant d'aspects de leur vie, n'avait aucune prise.

Mais les derniers mots que Jeanne avait reçus étaient bien différents : ils étaient des griffes dont elle portait les marques au cou.

Elle imaginait forcer son mari à les lui adresser à voix haute, bien en face. Oserait-il encore lui dire qu'il voulait qu'elle vienne pas ?

Et puis dans sa tête l'image se brouillait, à quoi ressemblait-il, Toussaint, à présent ?

Lorsque au mois d'avril précédent, l'année 1916, il était rentré pour une deuxième permission, déjà il était changé.

Ce qu'il avait vécu là-bas, il ne savait le livrer. Ce qu'il voyait d'ici, les embusqués, la vie malgré tout tranquille de l'arrière, le décalage entre son expérience du front et ce qu'en disait le journal, tout cela le laissait assommé. Les bienveillants qui, sans un mot, tapotant son épaule, voulaient partager sa douleur faisaient naître en lui des spasmes de fuite, parfois même le désir de cogner. À ceux qui le questionnaient sans relâche, il ne pouvait répondre.

Je veux que tu viennes pas.

Ça ne sortait pas de sa tête. Et pourtant, certains jours, par miracle, la phrase d'interdiction finissait par s'adoucir en elle.

Elle se la disait à mi-voix, dans l'obscurité, la disait dix et douze et vingt fois, la figure noyée dans l'édredon de son lit.

Elle disait Je veux que tu viennes, et le *pas* final s'évanouissait dans les plis de la plume.

Elle disait Je veux que tu, et lui apparaissaient des choses, des morceaux de lui sous ses paupières à elle, des mouvements, des creux et des reliefs, son épaule, sa hanche qui roulaient.

Je veux que tu et le long souffle d'homme reprenait naissance sur sa nuque, je veux et le corps de Toussaint noué au sien redevenait vivant.

# 5

En août dernier, le père Caillet est descendu de son quartier de Ménilmontant pour aller jusqu'au Val-de-Grâce.

Il était ce jour-là, et c'est avec fierté qu'il le déclare aujourd'hui, le premier de ses proches à apercevoir Toussaint depuis sa dernière permission, vingt-huit mois plus tôt.

Jeanne ignore si le blessé n'avait pu refuser la faveur d'une visite à son père. Si le chirurgien l'avait enfin permise, cette visite, alors qu'avant il ne la permettait pas.

Elle n'a pas posé la question.

Peut-être que Joseph, tout simplement, s'était annoncé sans prévenir, un beau matin, à la porte de l'hôpital.

Peut-être qu'à lui, on ne l'avait pas dit.

Ça.

Qu'on voulait qu'il vienne pas.

Ce qu'elle sait c'est que le père Caillet a fini par y aller, au V^e^ Blessés. On l'y a laissé entrer et, plus tard, il est venu raconter à sa belle-fille ce qui pouvait se raconter de ce qu'il avait vu.

Jeanne a écouté. Elle est restée secrète. Elle n'a pas dit qu'en février de l'année précédente, bien avant lui elle avait pris le tramway puis marché jusqu'au boulevard de Port-Royal.

Voilà un mois à peine que son mari avait été admis au Val-de-Grâce.

La différence, c'est qu'elle s'était contentée de tourner en rond sur le trottoir immense. Je veux que tu viennes pas la faisait se cogner.

Une demi-heure durant, elle avait fait les cent pas au-devant. La neige tombée depuis des jours recouvrait obstinément Paris. Il faisait quinze degrés de froid, on était dimanche et tout se brisait et tout tourbillonnait. Elle avait pensé à Léo, qui l'attendait en grelottant chez la voisine. Elle ne savait comment penser à Toussaint.

Sur le boulevard, deux créatures ombreuses se dirigeaient vers elle. L'une roulait une brouette tandis que l'autre, plus râblée, tel un semeur projetait sur la neige de violentes pelletées d'un sable grisâtre. Ficelées de nippes et d'un haut capuchon noirs, les pattes glissées dans des sabots de bois et des gants énormes, elles avaient soudain émis une série d'étranges et longs glapissements. De la poche de leur pèlerine dépassaient les goulots de bouteilles qui faisaient masse avec leur corps. Sous les chaperons, Jeanne avait pu distinguer deux visages noyés de vapeur, aux traits lourds, vaguement féminins. Avec la guerre, les femmes avaient dû remplacer les hommes, même pour les tâches de cette rudesse.

À mesure qu'elles se rapprochaient, le mouvement des cantonnières s'était accéléré. Et lorsqu'elle s'était trouvée à leur portée, la plus proche avait levé sa pelle et un ruissellement de sable et de sel avait frappé Jeanne, éclaboussant durement le pan de sa jupe.

Elle avait sursauté en étouffant un cri, s'était enfuie.

Sur le chemin du retour, elle avait parcouru du regard une affiche apposée sur un mur, à côté de la porte d'un marchand de liqueur. Elle était si bouleversée que les mots étaient restés plusieurs jours dans sa tête, agrippés, recouverts d'une mince et brillante couche de givre.

«DÉFENSE EXPRESSE de prononcer ici aucune parole de

découragement, de lassitude, de critique ou de tenir des propos de nature à affaiblir l'énergie patriotique et la confiance absolue dans nos Chefs et dans nos Alliés.»

À l'instant, elle n'avait pas eu le courage de se mettre en colère, encore moins la force de pleurer. Elle était rentrée le plus vite qu'elle pouvait, malgré la fermeture d'une ligne de tramway.

Rue de la Lune, en trombe elle était montée libérer la voisine. La vieille femme qui gardait l'enfant avait été surprise de voir la fleuriste revenir aussi vite mais n'avait osé piper mot devant les yeux mouillés et la bouche mordue.

Enfin, ayant fermé sa porte et balayé de l'œil la chambre engloutie sous les fleurs, les roses collées à cent feuilles et les myosotis, Jeanne s'était dégrafée, avait plaqué Léo encore assoupie contre le chaud de sa peau, à l'intérieur de sa blouse et sous trois épaisseurs de laine.

Elle l'avait bercée.

Elle s'était bercée avec elle, elles avaient tangué jusqu'à la nuit tombée.

Je veux que tu viennes pas, avait dit Toussaint.

Jeanne s'était demandé en finissant par coucher la petite, ravalant ses sanglots, grondant à la manière d'un chat, si telles n'étaient pas là des paroles de nature à affaiblir son énergie patriotique.

Il voulait qu'elle vienne pas.

Elle viendrait pas.

Cette année-là, en 1917, il neigerait jusqu'au dimanche des Rameaux.

# 6

Toussaint est revenu.

Passée la stupeur, Jeanne l'installe ce premier soir sur le fauteuil prestement débarrassé de ses oripeaux, puisque c'est là qu'il se tenait si volontiers, avant.

L'homme se déboutonne avec lenteur, dépose sur le carrelage le maigre barda rapporté de la guerre et de l'hôpital, installe la capote à cheval sur le montant du lit, sort son morceau de fromage, et pendant ce temps Jeanne se précipite, plus légère à présent qu'elle est lancée dans un tourbillon de mouvements à l'apparence utiles.

Elle bondit vers la porte que Toussaint n'a pas pris la peine de fermer derrière lui, allons, il faut courir prévenir Sidonie, lui annoncer l'incroyable nouvelle, il est là, Toussaint, il est rentré. Elle doit lui dire aussi pour les fleurs à livrer, quelle importance, maintenant, les dahlias. Qu'elle attende, Sidonie. Que toutes les fleurs du monde attendent. Ce soir, la lingère n'aura qu'à rester chez elle. Le moment est vraiment mal choisi pour venir bavarder en buvant du lait coupé d'eau ou même un fond de vin.

Et puis… et puis si Toussaint avait soif?

Tout se bouscule dans la tête de Jeanne, les élans et les gestes. Ce qui se tenait là, immobile et stable, est secoué de soubresauts dont le sens, la direction, lui donnent le tournis.

Alors qu'un pied déjà au-dehors elle prépare sa phrase en pensée, Jeanne comprend que pour Sidonie ces mots de triomphe risquent de sonner une tout autre musique et elle se recule avec un gémissement ridicule.

En vérité, elle est remplie d'une telle frayeur et de sentiments si confus que si elle n'y prend garde elle va commettre d'innombrables impairs.

Elle tire doucement la porte, le palier et sa noirceur bleutée disparaissent.

Et enfin, puisque c'est, depuis le début, ce qu'il lui aurait fallu faire, elle va s'accroupir devant l'enfant qui se tient adossée au lit, pétrifiée, et la recoiffe du plat de sa main.

Si elle avait su tout à l'heure, à la toilette elle lui aurait mouillé les cheveux, au beau milieu elle aurait rouvert une raie. Mais Jeanne se saisit de la petite et, tout hirsute qu'elle est, la hisse dans ses bras en poussant un han théâtral.

Elle se racle la gorge, se tourne vers Toussaint.

Les voici toutes les deux, la mère et la fille, en une masse corporelle que Jeanne imagine magistrale, tout au moins plus solide lorsqu'elle est réunie.

Elle dit, c'est ton papa.

Et puisque Léo, interdite, ne dit mot, elle ajoute pour Toussaint, c'est Léo, comme s'il fallait le préciser, comme si ça pouvait être une autre, cette gosse-là, contre sa poitrine, encore tiède de leur lit à eux. Elle corrige, c'est Léonie, et souffle un long soupir qui semble un accomplissement.

Toussaint introduit quelque chose de neuf, non seulement entre les murs du petit logement du quatrième étage, mais aussi dans la vie de Jeanne et, dans une moindre mesure, dans celle de Léo : le silence.

Les premiers jours, couché en chien de fusil sous l'édredon ou installé dans le fauteuil, la tête tombée vers l'avant, il dort considérablement, sans que l'on sache si sa fatigue est à ce point infinie ou si cet évanouissement n'aspire en réalité qu'à la disparition du corps tout entier.

Autour, à l'étroit que leur abandonne ce silence, la mère et la petite chuchotent.

Jeanne n'est pas habituée à voir son mari aussi économe de ses gestes, aussi passif, mais elle se dit que, simplement, elle n'est plus habituée à son mari du tout. Il faut lui laisser quelques jours, peut-être davantage.

Du temps de la fabrique de chaussures, rue Pixerécourt, il rentrait du travail éreinté mais avec des histoires plein la langue et les bras.

Le bizutage d'un nouvel apprenti, la grogne du contremaître, le salaire des ouvriers que semaine après semaine on rabotait de tous côtés, les ardents démêlés de Bouillet avec sa femme infirme, les beuveries et les plaisanteries de Giraud, celles de Tirard, du père Degauque, du fils Pichon étaient pour Toussaint et sa femme source d'inépuisables et passionnantes discussions.

Le soir, tout en parlant, il arrivait qu'il l'aide aussi à cotonner les ceps, à préparer les pétales en formant des paquets réguliers parmi lesquels elle n'avait plus qu'à piocher.

Jeanne admirait alors la précision des doigts épais, aux ongles noircis. Dans la pièce, la grande carcasse de l'homme était souple et légère. Il fumait tout le temps. Il la touchait. Il répandait sa familière et puissante odeur de Caillet. Il réclamait. Sa nourriture, son vin, son tabac, les yeux promeneurs de Jeanne et son corps à donner.

Et depuis qu'il est de retour, il ne fait rien. Au tout début, Jeanne l'a interrogé, curieuse et troublée, mais il n'a jamais répondu, évitant son regard, hochant la tête d'un air embarrassé et grave avant de se détourner.

Elle se doutait, bien sûr, que la guerre et la blessure

l'auraient changé, mais n'avait pas tenté d'imaginer quelle pourrait être l'ampleur ni même la nature de ces bouleversements. La lettre qu'il lui avait fait parvenir, en janvier 1917, avait été une lucarne noire qu'une fois la douleur avalée elle s'était empressée de ne pas entrouvrir.

Pourtant, comme à toutes celles dont les maris ou les fils avaient été mobilisés, on avait raconté tant d'histoires sur le retour des hommes. Pauvres femmes. Quand à leur pays elles avaient confié un mouton, c'était un lion qu'on leur avait rendu. De celui qui était parti jeune homme on disait qu'il était rentré vieillard, on disait qu'il était rentré fou.

Et ils étaient si nombreux, Jeanne le savait bien, qui ne rentreraient plus jamais.

Le premier soir, il leur faut rouvrir le lit-cage qui, depuis la dernière et si lointaine permission, gît contre le mur du fond.

Dans ce lit dont les montants de fer ne servaient plus qu'à faire sécher le linge derrière la table de travail, Léo s'endort mal, décollée de sa mère, et leurs chairs pareillement douces, leurs tiédeurs par le passé si souvent confondues s'appellent sans fracas, en un imperceptible grésillement qui persiste au-delà de la nuit. Elles se manquent.

Dans le grand lit partagé, malgré l'ampleur du corps qui prend une place immense et lourde, Jeanne a plus froid, se sent plus seule qu'avant le retour du soldat.

Il faut se répartir les maigres provisions.

Il faut d'abord manger le fromage orange dont Jeanne, à sa couleur, sait qu'il vient de Hollande. Le plus raisonnable serait de le faire durer, tant sont exceptionnels les bonnes choses et tout ce qui, de manière générale, tient au ventre ces temps-ci.

Mais ils le terminent rondement, dans la hâte inexprimée de faire là disparaître un passé tout de batailles et d'hôpital, hanté d'indescriptibles douleurs. Pour s'en défaire plus vite encore, Jeanne en offre un beau morceau à Sidonie et à la mère Birot qui, tour à tour, sont venues saluer le convalescent. Dépitées, surtout Sidonie qui, à sa grande surprise, n'a pu tirer un mot de son voisin ni lui faire soulever le bandeau qu'il porte sur le visage, les deux ouvrières sont parties pour ne plus revenir.

Il faut maintenant se remettre au travail.

C'est ce qui est le plus facile pour Jeanne, tant le retour au geste la soulage. Au bout de dix minutes à griffer ou à bouler les pétales, elle oublie que Toussaint dort et dort encore à côté, ronflant d'une ampleur et d'une tonalité nouvelles, à onze heures du matin, à trois heures de l'après-midi, à sept heures du soir.

Et s'il arrive que l'homme ne ferme pas les paupières, c'est qu'en retrait il s'occupe à les observer, elle ou Léo.

Jeanne sent rouler une onde sur ses épaules, ses mains, son dos, fouiller son chignon, son cou, les replis de sa robe : il la regarde. Parfois, c'est au tour de la petite. Cette enfant qu'il n'a pas vue grandir, qui n'existait, à mots couverts, que dans les lettres, il la regarde aussi, avec une miraculeuse, une dérangeante patience.

Pendant ces derniers jours d'octobre, si Jeanne ou Léo se retourne, il y a toujours Toussaint qui regarde ou qui dort.

Tentant de refréner son agacement, Jeanne se met alors à saturer le silence de paroles et de mouvements ordinaires. Diluant Toussaint dans les pigments où baignent les fleurs, elle mime tant bien que mal un quotidien rassurant qui n'existe plus.

De son côté, Léo s'acclimate.

Si son père est endormi lorsqu'elle revient de l'école, elle s'approche aussitôt, aimantée par l'irrésistible figure. Jeanne la retient, décroche la photo du mur, et un doigt sur la bouche l'oriente à pas mesurés vers la carcasse inanimée répandue sur le lit. Que la petite vérifie, il s'agit de la même personne.

Ce portrait, Léo le connaît bien. Pour mieux l'étudier, depuis des mois elle vient se hisser sur une chaise, se poste bien en face, le menton levé, les deux mains appuyées sur la tapisserie, sans rien dire.

Celui qu'aujourd'hui elle inspecte dans son ensorcelant sommeil est bien différent.

Pour commencer, il ne se tient pas debout, les pieds écartés, l'air sérieux, vaguement fanfaron, mais presque toujours déchaussé, assis, couché, l'œil impénétrable. Le bandeau clair qu'il ne quitte jamais, retenu à l'arrière par quatre bandelettes de tissu nouées, dissimule un tiers de son visage et coupe sa bouche en deux. Il ne porte plus cet habit de soldat dont la capote vide, pendue dans le débarras, n'a pour l'enfant la moindre parenté avec l'uniforme à la fois sévère et minuscule qui lui est familier.

Léo secoue la tête, gravement. Elle ferme les yeux, non pour imiter Toussaint, mais pour retrouver cette sorte de père qu'il était pour elle, avant.

Un jour, elle avance le doigt jusqu'à effleurer la toile blanche, mais Jeanne interrompt son geste juste avant qu'à leur grand effroi le dormeur n'ouvre les yeux, grogne et se dresse sur un coude.

Toussaint mange peu et avec une étonnante concentration, une infinie lenteur. Il est rare qu'il s'asseye face à sa femme et à sa fille quand Jeanne, du tranchant de la main, vient bousculer le matériel et les fleurs pour ouvrir, sur la table, une petite place au repas. Le plus souvent, il se tient à l'écart, dans l'ombre du débarras. Sans doute veut-il éviter de montrer à quoi son visage ressemble lorsqu'il mâche avec précaution, lorsqu'il boit, et que se soulève la bordure du bandeau. S'il avale sa soupe à petites gorgées, il hausse son bol ou pivote de telle manière que ni Jeanne ni Léo ne puissent rien apercevoir de cette zone.

Comme Jeanne, un matin, le surprend en train d'introduire dans sa bouche de minces copeaux de pain, il écarte les mâchoires avec tant de prudence accablée qu'elle détourne aussitôt le regard.

La question de la nourriture, qu'il est déjà si difficile de se procurer après quatre années de guerre, devient un poids supplémentaire entre eux.

Les jours passent. Toussaint est là depuis une semaine et rien ne s'est produit. Il est resté là, fermé, enfermé.

Jeanne, quant à elle, s'absente une à trois heures quotidiennes, pour l'école, pour la queue devant les magasins vides, pour les livraisons, les commandes ou, enfin, pour souffler un moment chez Sidonie, puisque pour plus de commodité la lingère est maintenant celle des deux qui ouvre sa porte.

Et Jeanne ignore ce que fait Toussaint en son absence. Qui sait si, hors de sa vue, il ne redeviendrait pas, comme avant, un homme de chair et de mots.

## 7

C'est pas imaginable.

Voilà ce qu'en préambule Joseph Caillet a déclaré à sa belle-fille lorsqu'il est venu raconter.

À son arrivée au Val-de-Grâce, le vieil homme avait attendu dans un couloir, debout, pendant une heure, et il n'aimait pas les odeurs, ne reconnaissait pas les bruits. Des gens passaient. Affairés, au travail. Empaquetés de linges blancs, empêchés, à pas lents.

Une infirmière avait fini par venir, elle avait dit, c'est moi qui reçois les visiteurs.

Puisque ça tombait bien, Joseph avait hoché la tête en roulant sa casquette sous ses paumes. Il voulait voir Caillet Toussaint, c'était son fils et il était hospitalisé au Ve Blessés depuis la fin du mois de décembre 1916.

Ça fait un an et demi que vous l'avez, il avait cru bon d'ajouter d'un air grave.

L'infirmière – qu'en racontant Joseph appelait la fille – l'avait entraîné dans la salle commune. Elle souriait toujours, celle-là, elle parlait trop et trop vite. Dans la salle, les hommes étaient allongés sur des lits en rangées, ou bien debout, par groupes, agglutinés près des fenêtres. Lorsqu'ils étaient entrés, presque tous, mais pas tous, s'étaient tournés vers eux.

Elle avait dit, la fille, Toussaint va être tellement heureux de vous voir. Elle avait prononcé son prénom avec un drôle de naturel et, confusément, Joseph avait été piqué. De quel droit, de quelle expérience pouvait donc se targuer cette fille inconnue, de quelle histoire commune parlait-elle ?

Ah, quelle joie immense ressentirait son fils ! Et de quel courage faisaient preuve tous ces hommes, quotidiennement, au V^e^ Blessés !

Joseph avait balayé des yeux la grande pièce pour y repérer le visage du garçon, sans prendre le temps ou la peine de rien regarder d'autre, et il n'y était pas, Toussaint.

Il avait vu dès le début que son gars il n'y était pas. Cette fille idiote, avec son air de tout savoir, l'avait trompé.

Non, non. Le soldat Caillet, c'est celui-là que je veux, il avait répété.

La fille venait de le conduire au chevet d'un patient, choisi, semblait-il, au hasard. Pourquoi celui-là, qui n'était pas son fils, Joseph se l'était demandé.

Dans son vieil œil, à présent, se dessinaient plus distinctement les lits, le déferlement des compresses. Et puis étaient apparues les figures. C'est que la fameuse fille, avec ses babillages, ses belles phrases, depuis la première seconde lui avait tourné l'attention.

Pour commencer, faites donc connaissance avec ses camarades, avait-elle lancé d'une voix faussement joyeuse.

Et ses doigts de fille, étonnamment puissants, s'étaient refermés sur les muscles du bras de Joseph comme pour juger s'il était assez résistant, s'il allait pouvoir tenir.

Le bonhomme, allongé sur le lit, Joseph a dit qu'il s'en souviendrait toute sa vie. Sauf son nom, ça il l'a oublié. Peut-être qu'un homme avec cette gueule-là, après tout, ça n'avait plus vraiment de nom.

À ce moment de son récit, Joseph est resté silencieux une minute, hochant lentement la tête d'un air concentré. Il a redit ensuite, c'est pas imaginable.

Et en effet, Jeanne n'imaginait guère ce que lui, il avait pu voir au Ve Blessés. Elle n'imaginait rien.

Joseph a gardé les yeux fixes, ses yeux bleus grands ouverts, si semblables à ceux de son fils et si différents à la fois. Puis il a battu des paupières, a reniflé un grand coup.

Des mutilés de la face, ça s'appelle. Des blessés de la face. C'est que ça, au Ve Blessés. Que ça, et partout.

Jeanne a dit qu'elle savait.

Ce qu'elle ignorait, c'est que celui devant lequel on avait conduit le père Caillet, en le tenant par le biceps, en souriant et en jacassant, était sûrement l'un des plus amochés.

Un trou.

Sa figure, il voulait dire, un trou.

Posté au pied du lit en compagnie de l'infirmière, Joseph avait rudement détourné la tête pour ne pas déraper au fond de ce trou-là, mais l'homme qui se tenait alité sur la droite, bordé jusqu'au cou malgré la chaleur, celui-là avait l'œil percé et la joue à l'envers, celui d'après n'avait plus ni nez ni menton et le suivant portait son bras dans une machine en fer, lancé vers le ciel, collé contre la bouche.

Et comme le père Caillet pivotait sur ses deux talons, non pas libéré des défigurés, des pansements, mais tout au moins de la poigne de l'infirmière, il s'était retrouvé face à une créature qui, fendu d'une brèche comme dans un billot de bois une fissure, s'avançait pesamment vers lui.

Celui-là voulait lui causer, à Joseph.

C'était comme si, tu vois, il a dit à Jeanne, si je ne savais plus reconnaître la race des humains, comme si c'était une autre espèce.

Ce gars-là avait une tête en cire, en beurre, semée ici ou là de crevasses et d'yeux clignotants, ou plutôt une tête en chêne clair qu'on aurait gauchement rabotée, et Joseph s'y connaissait, qui était menuisier. Un homme en bois, tel était celui qui s'avançait pour lui adresser la parole, lui serrer la main, l'entraîner à sa suite vers on ne savait quel cauchemar.

La fille a dit alors, voilà monsieur Herry qui a été brûlé l'année dernière par une fusée éclairante.

Joseph n'a pas pu continuer. Il ne pouvait plus raconter. Sans doute que ça, l'homme en chêne clair, il n'aurait pas dû le lui dire, à Jeanne.

Il a bourré sa pipe de tabac gris, l'a allumée, en a tiré quelques bouffées. Il s'est pincé le nez.

Et puis il a repris.

Au beau milieu de la grande salle du Ve Blessés, l'infirmière chargée des visiteurs s'était enfin tue. Et comme il se tournait vers elle, toussant, ravalant tant bien que mal son effroi, elle avait jaugé Joseph du regard jusqu'à ce qu'il se calme. À l'instant où, les pupilles rivées dans les siennes, il était parvenu à se mettre droit, sans bouger, elle avait hoché la tête.

Elle a dû se dire que j'étais prêt. Je peux te dire une chose, moi, ma fille ; c'était pas tout à fait vrai.

Devant le lit du pauvre gars dont il a oublié le nom, encerclé par les grands blessés de la face, les défigurés, les baveux, les gueules cassées, Joseph était tout raide et tout froid malgré la touffeur. Il en avait cependant assez vu pour encaisser le choc qui suivrait. La fille l'a dirigé vers une petite chambre à l'écart où, seul et debout, l'attendait bel et bien son fils.

Là, de nouveau, Joseph s'est interrompu.

Oui. C'était vrai. Toussaint Caillet se trouvait là, propre et vivant, dans cette chambre à l'écart.

Alors, a demandé Jeanne.

Alors quoi. Alors oui, il était un peu changé, abîmé, c'est sûr, mais quand même, à côté des autres bougres qu'il avait vus là-bas, ça n'était rien du tout.

Il a gardé ses bons yeux, sa bonne allure, qu'elle aille pas se tracasser, Jeanne.

Et qu'est-ce qu'il a dit ?

Ah.

Il a demandé après moi ? Il a voulu savoir ?

Oui, a dit le vieux. Oh, ça, Toussaint en avait eu, des nouvelles. D'elle et de la mignonne.

Joseph avait assuré à son fils qu'il la tenait la veille encore sur les genoux, Léonie, qu'elle était belle comme tout, sa petite. Belle comme tout, il lui avait répété plusieurs fois. Le portrait craché de l'aïeule.

Ce jour-là, en vérité Léo était à Replonges, chez sa grand-mère maternelle où Jeanne l'avait envoyée. À la campagne, l'air et la nourriture engraissaient toujours mieux qu'à Paris.

Mais que Joseph n'ait pas vu sa petite-fille depuis trois mois au moins, ça ne comptait pas. Belle comme tout et bien sage, c'était la vérité.

Devant Jeanne, Joseph a souri en évoquant l'enfant.

Et quand elle lui a demandé ce que son mari avait dit pour de vrai, le vieux s'est pris le menton dans la main, il a frotté fort, un peu trop rudement. Il a tiré sur sa moustache.

Il hésitait.

Maintenant qu'elle lui faisait penser, Jeanne, ah ça, ma foi, il croyait bien se souvenir que Toussaint n'avait rien dit du tout.

# 8

Au début de la guerre, on disait qu'on tiendrait facilement six semaines, mais qu'on ne savait pas ce qu'on deviendrait si ça durait six mois.

On disait que dans le Nord c'était une vraie tuerie.

On disait qu'à Reims on mourait de faim.

On disait que leurs canons tiraient à huit cents kilomètres.

On disait que dans un village, les réfugiés mangeaient du pain mêlé de paille.

On disait que Joffre allait faire sauter toute une ville.

On disait que dans les tranchées c'était presque un palais, qu'on y prenait des douches tièdes et s'installait comme au spectacle.

On disait que des rangs entiers d'Allemands s'effondraient les uns sur les autres.

On disait qu'ils coupaient les mains des enfants, qu'ils mettaient le feu aux vêtements des adultes.

On disait que leurs obus ne faisaient que des bleus, que leurs shrapnels éclataient mollement, que leurs balles traversaient la chair sans rien déchirer.

On disait que malgré les efforts du pape Benoît XV, on n'aurait pas de trêve à Noël.

On disait que dans nos rangs les pertes étaient minimes.

On disait qu'il existait en Indre-et-Loire un hôpital pour enfants mutilés.

On disait qu'à partir du quinze, ils enverraient une bombe toutes les cinq minutes sur Paris.

On disait que le printemps, un matin, allait revenir.

# 9

Un soir, aux premiers jours de novembre, Jeanne rapporte chez elle deux bouteilles cachetées. C'est qu'à l'atelier, où elle est allée après avoir livré les tabliers de Sidonie, elle a retrouvé un trempeur qui, depuis le début de la guerre, s'adonne à de petits trafics.

Bodin est de la classe 83 et il aime à le répéter. À quelques années près il aurait intégré la Territoriale, mais il a échappé à tout. Il est resté là, au calme de l'atelier.

Et pourtant, se dit Jeanne dès qu'il apparaît devant elle, cet homme a l'air plus jeune et plus vigoureux que bien des permissionnaires croisés en uniforme sur les Grands Boulevards ou ailleurs. Et comme chaque fois qu'elle rencontre l'un de ceux qui sont demeurés à l'arrière, les embusqués, les trop vieux, les tordus, Jeanne ne peut s'empêcher de se laisser envahir par les mêmes questions sans réponses.

Que se serait-il passé si Bodin était parti comme les autres au mois d'août 1914? Aurait-il été affecté au même régiment que Toussaint? Se seraient-ils pris d'amitié, aurait-il été, alors, Bodin, celui qui ce jour-là l'aurait recherché coûte que coûte aux abords de la Côte du Poivre, à peine le soldat de deuxième classe Caillet porté manquant par son supérieur? N'aurait-il pu être celui qui, à force d'opiniâtreté, de courage et d'intuition, l'aurait repéré dans la boue, sous la neige, l'aurait relevé, celui qui, bravant le froid et les balles ennemies, l'aurait porté sur son dos jusqu'au poste de secours ? Qui sait si Bodin, avec ses yeux vifs et ses membres puissants, ne l'aurait pas découvert plus rapidement que les autres ne l'avaient fait, ces Théry, Montagnon ou ce Chinois au nom étrange dont Toussaint parlait autrefois dans ses lettres et qui, imagine-t-elle, l'ont abandonné des heures sans connaissance, la figure dans le sang et la terre, les genoux pris dans une mâchoire d'eau gelée ?

N'aurait-il pu tout simplement, osait-elle, être blessé à la place de Toussaint ?

Adossé crânement à la porte de la salle de trempage, les doigts brunis par les pigments des fleurs plutôt que par le sang et la terre, Bodin semblait à des lieues d'imaginer pareils tourments.

À l'instant précis où Toussaint avait été touché, se dit Jeanne, le trempeur était sans doute endormi dans son lit. Ou bien, stupidement, occupé à finir son casse-croûte en se léchant les lèvres, à plonger des pétales de nansouk dans la fuchsine ou le jaune picrique.

Ce jour-là, à l'atelier, Bodin lui a annoncé la libération de la Serbie. Il lui a parlé des Anglais, des Américains, des Belges, des Italiens. À voir son visage réjoui, on aurait juré qu'il les connaissait tous et personnellement. Ces pays, ces gens. Il a évoqué le Kaiser, a aussi posé des questions sur le mari de Jeanne, auxquelles Jeanne n'a pas voulu, pas su comment répondre.

Néanmoins, puisqu'elle venait de toucher sa paye pour une quinzaine d'ouvrage, elle lui a pris les deux bouteilles ainsi que le sac de sciure à brûler qu'il avait apportés pour elle, comme ils étaient convenus le mercredi précédent.

Bodin avait fini de lire le journal. Il le lui laissait donc, et sans supplément, a-t-il dit avec un petit sourire.

Sur le chemin du retour, Jeanne a été frappée par le nombre de gens qui, groupés aux carrefours, aux stations de tramway où devant les cafés, les échoppes, discutaient avec animation. D'habitude, elle ne prêtait guère attention aux badauds, mais l'optimisme de Bodin avait éveillé sa curiosité. En passant, des bribes de conversations lui venaient aux oreilles.

Plus que jamais, les Parisiens parlaient de la guerre. De la fin de la guerre. Comme le trempeur à l'atelier, certains racontaient que Guillaume II avait abdiqué, que la Serbie avait été libérée. Ils citaient eux aussi les Belges, les Anglais, les Italiens, les Américains.

Ça lui a donné faim.

Elle a négocié trois reinettes à peine talées à une marchande des quatre-saisons qu'elle connaît, rue de Cléry. Et au pied de chez elle, juste avant de grimper les étages, elle a pris pour huit sous de frites chaudes dans deux cornets de papier.

Quand ainsi chargée elle ouvre sa porte, brandissant ses victuailles et la sciure pour le poêle, Jeanne est essoufflée et sans l'avoir prémédité elle se met à crier : La Serbie ! La Serbie !

Léo sursaute et Toussaint, assis dans son fauteuil, pour la première fois amorce sous son bandeau un début de sourire.

Elle sait, ou plutôt elle comprend que ce n'est ni la libération de la Serbie ni la perspective d'un armistice possible qui a fait naître ce rictus.

C'est elle, Jeanne, ça n'est rien d'autre qu'elle. Et elle le sait à cause des yeux, soudain réapparus sur le visage de son mari.

Toujours dissimulées par le bandeau de tissu blanc, sa bouche, sa joue et, qui sait, son oreille, ne sont pas seules à avoir subi la blessure, là-bas, Côte du Poivre.

Les yeux de Toussaint. Les yeux du paradis de Toussaint.

Ils s'étaient presque éteints et Jeanne les retrouve tout à coup, ardents, l'espace d'un éclair.

D'un bleu oscillant entre ceux de la nigelle et de la fleur de chicorée, ils sont soulignés de minces rides longitudinales et légèrement écarquillés. Elle ne saurait mettre des mots sur ce qu'ils lui font, ce qu'ils lui ont fait chaque fois qu'ils l'ont découverte, fouillée, inventée, les yeux de Toussaint. Ce qu'elle pourrait dire, c'est qu'au moins jusqu'en août 1914 ils n'ont jamais failli.

Et c'est elle, en entrant, qui les a fait renaître.

Elle.

Lorsqu'elle travaille, Jeanne se transforme en une créature incroyablement maîtrisée, dont l'habileté concentrée, la minutie déliée ensorcelle ceux qui ont eu l'occasion de la voir à l'ouvrage. Elle est capable de fabriquer neuf cents pièces de coucous en une seule journée. Sous ses doigts apparaissent d'invraisemblables roses thé à l'opulence de laitues, dont la houle des pétales explose, entachée d'un scintillement de sang, de groseille. Elle invente des grappes, des hampes et des épis, des ombelles et des capitules, plus beaux et plus vrais que les vrais.

Mais il y a aussi l'autre Jeanne, si brusque et si distraite lorsqu'elle s'occupe au ménage, celle qui cogne les meubles et le bas des murs, ébrèche les verres à la vaisselle, fait sauter sa fille les bras lancés au ciel, jusqu'au tournis.

Apparue soudain à la porte, elle était revenue d'un coup, cette Jeanne emplie de tendons, avec au coude un cabas gonflé comme un estomac, avec au bout des doigts deux hérissons de frites griffues dont quelques-unes, sous le choc, venaient de choir sur le carrelage, avec une bouteille noire et le rouleau du journal gauchement coincés sous l'autre bras.

C'était Jeanne en grand, en vie. Celle qui à bout de souffle s'était écriée, la Serbie, la Serbie, comme si cette contrée dont jamais, avant la guerre, ils n'avaient ni l'un ni l'autre entendu parler, leur était devenue précieuse, arrimée à leur histoire personnelle.

Cette femme-là était Jeanne et Toussaint lui avait souri.

Le reste de la soirée, Léo boude. Elle boude à cause des frites dont elle estime ne pas avoir eu une part équitable, elle boude à cause de l'âcre fumée produite par la combustion de la sciure, elle boude à cause du vin que ses parents, une bouteille après l'autre, vident ensemble en faisant chavirer l'atmosphère.

Avant la mobilisation, comme la plupart des travailleurs Toussaint avalait son litre quotidien de vin rouge. Il y ajoutait volontiers, après sa journée, un petit verre de liqueur pris chez le caviste en compagnie des autres ouvriers. C'était un homme raisonnable. D'autres que lui ingurgitaient trois, quatre litres en sus des chopines, des eaux-de-vie, de l'absinthe.

Jeanne, quant à elle, a toujours préféré le cidre ou le lait, et boit peu de manière générale.

Aussi, depuis que son mari est rentré, c'est la première fois que de l'alcool franchit leur seuil. Et elle s'est demandé si ça lui manquait, à Toussaint, si au Val-de-Grâce c'était l'usage de servir du rouge aux blessés. Elle n'en a pas parlé. S'est contentée de rapporter, deux ou trois fois, un paquet de tabac gris que sans un mot elle a posé sur le bahut.

Mais ce soir, ils ont là deux bouteilles de cacheté.

Pour boire, Toussaint se tient d'abord dans le débarras comme à son habitude, puis au bout d'un moment revient s'installer dans le fauteuil, à peu près face à sa femme et sa fille, de trois quarts, essuyant ce qu'on voit de ses lèvres avec de moins en moins de pudeur, d'un familier revers de la main.

Le vin du trempeur n'est pas bon mais il détend les épaules, alourdit, adoucit les mouvements de Jeanne et de Toussaint. La distance semble entre eux s'être raccourcie. D'anciennes ondes se réveillent, de celles qu'on croyait mortes, et Léo les perçoit aussitôt. Alors l'enfant se chiffonne, qui n'a jamais connu sa mère autrement que penchée sur elle, fascinée semblait-il par sa petite personne.

Elle se tait, Léo, se fronce contre sa poupée, cherchant subrepticement à se glisser sous l'édredon où elle n'a plus sa place.

Dans le poêle, la sciure couve sa braise et ravale enfin sa sourde fumée. Jeanne est plus échauffée par la piquette que par le feu maussade et se met à lire des fragments du journal à voix haute, les reins calés au coin du bahut.

Elle lit la Magnifique victoire britannique, les Dix mille prisonniers et les Deux cents canons. Elle lit le Formidable bilan de la débâcle autrichienne.

Sur la deuxième page, les yeux dissimulés par les feuillets tenus grands ouverts, elle sélectionne ensuite avec prudence ce qui pourra être livré sans péril.

Elle ne lit pas l'article sur les cartes de bois de chauffage auxquelles la situation de Toussaint ne leur donne pas accès, passe sur l'histoire de cette ancienne domestique qui mène une vie de débauche effrénée depuis le départ de son mari au front et vient de frapper une passante de quatorze coups de marteau.

Elle croque sa pomme à pleines dents tandis qu'avec précaution Toussaint tranche la sienne en éclats suffisamment minces pour leur faire passer en douceur la barrière de sa bouche.

Elle lit l'entrefilet sur la suppression possible des manchons bleus dont, cherchant à éviter les attaques des Gothas, on a recouvert les becs de gaz de la ville depuis des mois et des mois. Dans la chronique judiciaire, elle choisit l'histoire d'un duel à coups de bouteilles dans une cave, et pouffe en apprenant la mort cocasse du chef caviste.

Elle ne lit pas la Nécrologie de guerre, passe sur ceux qui

ne peuvent remercier individuellement toutes les personnes qui leur ont témoigné leur sympathie.

Elle pioche trois phrases grotesques dans L'horrible drame, feuilleton quotidien du *Petit Journal*, elle lit les réclames pour le Tip qui remplace le beurre, pour les Concerts au Théâtre des Champs-Élysées, pour la Reine Joyeuse qui fait courir tout Paris.

Elle ne lit pas les Enfants belges blessés par les mitrailleuses allemandes.

Se redressant, elle lit maintenant l'intégralité de la réclame pour l'Extuber Bust Developer, qui permet à toute femme ou jeune fille de transformer entièrement son buste en deux ou trois semaines. Elle lit Une belle poitrine est le charme le plus exquis de la femme. Elle se cambre, elle sait n'avoir aucunement besoin de l'Extuber Bust Developer. Ses yeux croisent le bleu de Toussaint, il la regarde avec sérieux, il regarde ses seins, sa taille et sa bouche, sans ciller.

Elle avale sa salive et ne lit pas les Offres d'emploi où l'on demande des outilleurs des tourneurs des ajusteurs des épisseurs des ouvriers charrons des mutilés de la jambe ou du pied pour manutention des ouvriers confituriers des tôliers des modeleurs en métal des emballeurs ou des empaleurs de plaques.

Elle ne lit pas davantage Les Pilules Hérial pour les hommes faibles ni les offres qui proposent le Rachat de vieux dentiers mais, levant fièrement vers lui un pied chaussé de la fameuse Chaussure nationale, lit celles qui proposent des Paires de souliers usagés.

Elle lit les Marrons de l'Ardèche, lit les Sardines de Saint-Jean-de-Luz, lit Tout est bien qui finit bien grâce aux Pilules Pink.

Et elle fixe Toussaint tout droit.

Sur le côté, Léo se met à pleurnicher et Jeanne lit la Vente sensationnelle de chambres à coucher chez Herzog.

Enfin, serrée contre sa poupée, la petite finit par s'assoupir dans le grand lit, la tête sur l'oreiller de sa mère. Son nez est pris, elle respire fort.

Bercés par ce chuintement, ils ne sont plus que deux, à présent. Jeanne a épuisé ce que le journal pouvait apporter de diversion, de mouvement, elle en replie les feuillets avant de les abandonner sur le sol. Sa hanche quitte le bahut, elle s'approche de Toussaint qui, s'il s'est montré attentif au long de la lecture, n'a pas bougé d'un centimètre, toujours vissé sur le fauteuil, quatre pépins et la queue de sa pomme reinette posés proprement sur l'un de ses genoux.

Ils se dévisagent de plus près. Chacun renifle l'autre, leur odeur de peau et de vin.

Montre, elle dit pour commencer.

Et comme à ces mots il a cligné des paupières, faisant disparaître une courte seconde, mais une seconde terrible, le bleu oscillant entre la nigelle et la chicorée, elle se penche et articule d'un ton assourdi.

À moi, tu peux bien montrer.

Sous le nez, mêlés à la courte moustache, des filaments cicatriciels s'évasent en fines pattes d'insecte, et le désir que Jeanne a de toucher se renforce.

Les yeux se sont rouverts mais Toussaint est grave, immobile, à peine si l'on perçoit, à la racine de ses cheveux, un frémissement inquiet.

À moi.

Elle chuchote.

À moi, Toussaint.

Enjôleuses, les syllabes entre les dents de Jeanne, entre ses lèvres ouvertes dont on dirait qu'elles s'apprêtent au baiser, semblent dire que Toussaint est encore à elle.

À moi, Toussaint.

Et puisqu'il ne réagit toujours pas, un voile sur elle tombe et elle se raidit.

Est-ce qu'il ne peut parler, à la fin, est-ce qu'il ne pourra donc plus jamais lui parler ?

À ces mots, Toussaint se cale en arrière, il fait jaillir son bassin, l'air ronfle dans sa gorge et il enfile ses doigts dans la poche de son pantalon. De là, il extirpe un morceau de papier plié en deux, de la taille d'une carte postale. Il le tend à Jeanne qui, surprise, s'en saisit, se recule.

Il lui a donc écrit une lettre.

Alors qu'elle se trouvait dehors, en courses, il a réfléchi, lui a griffonné quelques mots. À moins que depuis le début, en réponse à cette demande précise qu'il faut le reconnaître elle n'a jamais risquée, à un geste pas encore accompli, il n'ait prévu, dans sa poche, un message pour s'expliquer sans paroles.

Passée la seconde d'étonnement, elle se retire dans le débarras. L'ombre qui y règne, si elle ne facilitera pas la lecture, lui semble un abri possible, à l'écart des yeux de nigelle.

Il n'y a que deux mots à lire.

PAS ENCORE, a-t-il simplement inscrit au milieu du papier ouvert. Elle a beau le retourner dans tous les sens, l'orienter vers la source de lumière, il n'y a rien de plus à prendre que ce halte-là.

Pas encore quoi. Pas encore qui. Elle ne comprend pas. Est-ce qu'elle n'a pas assez attendu, depuis mille cinq cent cinquante-quatre jours que dure cette guerre, et depuis les sept qu'il est revenu, faisant s'étirer la semaine la plus étrange qu'elle ait jamais vécue, avec lui mais sans lui, écrasées, elle et leur petite fille, par le bandeau et les yeux de silence, n'a-t-elle pas été assez patiente, Jeanne ?

Elle jaillit du débarras et, reproduisant avec une rage mêlée de consternation le geste esquissé par Léo quelques jours plus tôt, dirige son doigt tendu vers le carré de coton blanc.

Il faut qu'elle sache.

S'il est si affreux que ça. Si elle est mariée à l'un des monstres que le père Caillet lui a décrits de sa visite au Ve Blessés, si sous le bandeau blanc il ne reste plus rien d'humain, elle a tout de même le droit de voir, de savoir. Si elle doit s'y faire, autant commencer dès ce soir.

Mais Toussaint se jette en arrière contre le dossier du fauteuil, ses yeux se plissent et entre ses paupières c'est comme si le bleu avait disparu, comme si la main de Jeanne, à distance, était venue en calciner l'iris. Et à l'instant où, les dents serrées, elle s'apprête malgré tout à écarter du bout des doigts le bandeau, un grand bruit derrière eux éclate, mêlé de froid, de courant d'air.

Dans le lit, Léo glapit, se dresse.

Et lorsque Jeanne se retourne, Sidonie est là, à la porte que Dieu sait comment elle a réussi à ouvrir, Sidonie décoiffée et figée, dont le visage rouge et curieusement contracté se détache sur l'obscurité du palier.

Si Toussaint demeure plus que jamais plaqué contre la toile usée du fauteuil, comme voulant y faire pénétrer sa cage thoracique, Jeanne, lentement, laisse retomber sa main.

## 10

Sidonie s'est mariée deux fois et a eu cinq garçons.

Jean Herbin, dit Nono, ouvrier d'imprimerie, fut le premier mari. Craintif, emporté, considérable buveur, Nono mourut un an après la naissance de son fils unique, Eugène.

Sidonie se mit alors en ménage avec un paisible artisan ferronnier du nom d'Albert Buche, rencontré dans un bal en juillet 1899. Un an plus tard naissait André, puis vinrent Ernest et celui qu'on n'a connu que sous le surnom de Zizi. René arriva le dernier, moins de deux ans avant la mort de son père.

Zizi est parti en une nuit. Il avait cinq mois. André est mort à trois ans. René a vécu cinq étés et demi, Ernest jusqu'à huit.

C'était avant la guerre. La mort d'Ernest, en octobre 1913, fut la dernière de cette sinistre série. Sur les genoux de Sidonie, à dorloter, ne restait que Bobi, le vieux matou tigré. Il n'y avait plus de petit.

Eugène était apprenti boucher rue Thorel. Il avait seize ans. Il était presque un homme et il était vivant.

À l'époque, les Caillet habitaient rue des Cascades, dans le vingtième arrondissement. Jeanne et Sidonie ne se connaissaient pas encore. Pourtant, sans le savoir, les deux femmes étaient déjà unies. Car quelques mois avant la mort de René et d'Ernest, la première fille de Jeanne avait cessé de respirer, blottie contre le flanc de son père.

Depuis des jours, accroupie au pied du lit-cage Jeanne écoutait les poumons de l'enfant douloureusement se gonfler et se dégonfler.

Bella venait d'avoir deux ans. Ses alvéoles, se contractant sous la mince chemise de coton, faisaient le bruit du papier de soie, le froufrou de l'organdi qu'on froisse, ce même organdi délicat que Jeanne utilisait pour ses roses, et qu'il lui suffisait de bouler à chaud pour qu'éclose la parfaite et lisse courbure.

Les poumons de Bella étaient peut-être de soie, mais jamais sa mère n'avait eu sous les yeux de fleur aussi transparente et flétrie. Avec celle-ci, fragile, elle n'avait pas su comment faire. Ses mains, ses outils de fleuriste lui furent aussi vains que ses bercements, ses chants, ses baisers et même ses prières. Au fil des jours, la fleur aux yeux immenses se racornissait irrémédiablement, tandis que le ventre de Jeanne, en secret, portait déjà le germe minuscule de celle qui allait devenir Léonie.

En l'espace de quatorze années, Jean, Albert, André, Ernest, Zizi, René et Bella étaient partis plus ou moins brutalement, mais tous vaincus par un mal semblable. Pour Jean, le premier mari, on avait dit la phtisie, mais la phtisie de Jean c'était la même tuberculose que celle des autres.

À Sidonie, il ne restait que ce fils aîné.

Il était de la classe 17. Avec sa tête de bois et son air crâne, son corps râblé, nerveux, toujours en mouvement, Eugène était le miraculé de la famille Herbin-Buche. À l'annonce de la mobilisation générale, le premier jour d'août 1914, c'était sans doute ce lourd privilège qui avait poussé le jeune apprenti à rejoindre plus tôt que prévu les troupes françaises.

S'éloignant de Paris, accédant à ce qu'il imaginait une aventure d'hommes, il échappait ainsi aux pesantes angoisses de sa mère. Et après tout, s'il avait été épargné par le bacille de Koch, il résisterait aussi facilement à ces Boches.

Eugène écrivait de temps en temps rue de la Lune. De brèves cartes, qu'à Jeanne Sidonie dévoilait aussitôt, les comparant avec celles de Toussaint, plus nombreuses et plus tendres, mais pareillement vagues quant à la réalité de ce que l'un et l'autre enduraient sur le front.

Et à partir des maigres indications qui leur étaient livrées, les deux femmes se réinventaient une imaginaire géographie de la France, mouvante, obscure et réconfortante. Maissin, Maisons-Noires, Soissons, Tahure, Bois-Bouchet… À ces noms que, dans la journée, penchées sur leur ouvrage, elles se répétaient en pensée et parfois à voix haute, venaient s'associer des images naïves, vierges de sang et muettes, à peine piquetées de barbelés ou empoissées de boue, un genre de tableau champêtre cerclé de bosquets, traversé de rivières, envahi d'une délicate poudre neigeuse ou de milliers de pissenlits.

Si Eugène, en quelques mots, écrivait la soif terrible qui l'avait torturé en juin 1916, aussitôt Sidonie soulageait la souffrance de son fils, autant que la sienne à le lire, en visualisant l'adolescent allongé au bord d'un ruisseau, le museau dans l'eau fraîche, aspirant à longs traits. À des années-lumière d'imaginer ce que le jeune Poilu n'avait pas pu avouer, pas à elle en tout cas. Qu'il avait dû se résoudre, avec ceux de son escouade qui avaient survécu, à mâchonner des racines, à sucer le jus sale déniché au fond de casques abandonnés par les morts et à se brûler le palais à force d'avaler, les yeux fermés, de petites gorgées de sa propre urine.

Le courant clair du ruisseau de Sidonie la berçait tandis que, sans relâche, elle assemblait les poches à surjets et les cordons des tabliers, surfilait des tombereaux de serviettes hygiéniques en tissu éponge ou surjetait des moufles en peau de lapin pour d'autres soldats que son fils.

Leurs deux mondes.

Pleins d'élans, de douleurs, et parfaitement étanches.

Au deuxième automne, Toussaint avait écrit, Passe le bonjour à Eugène, dis-lui qu'il garde courage, et Sidonie, investie soudain d'un message véritable, d'une mission, s'était empressée de transmettre le salut de l'aîné, y joignant une paire de chaussettes, cinq francs péniblement épargnés et un myosotis artificiel offert par Jeanne.

Eugène et Toussaint ne s'étaient croisés qu'en une seule occasion, lorsque par hasard, au printemps précédent, ils s'étaient trouvés permissionnaires au même moment. Ils se connaissaient donc peu mais cela suffisait pour échanger un signe, et entre les deux femmes inventer de nouvelles attaches.

Et dès qu'une missive se présentait, Sidonie ou Jeanne soufflait quelques heures. Leurs soldats, reliés par des fils invisibles, étaient toujours en vie.

Elles avec.

Et puis, au printemps 1917, tandis que les lettres de Toussaint, laconiques mais régulières, continuaient d'être envoyées depuis le Val-de-Grâce, celles d'Eugène s'étaient interrompues tout net.

Au début, Sidonie s'était raisonnée.

Elle avait essayé en tout cas, et ainsi avait tenu trois semaines. Tant bien que mal, Jeanne, la mère Birot, le boucher et ceux à qui elle en parlait autour d'elle l'avaient convaincue que les aléas de la poste ou même, Eugène se montrant souvent imprudent, la susceptibilité de la censure pouvaient raisonnablement expliquer ce retard de correspondance.

Allons, ne se souvenait-elle pas, Sidonie, de cet automne où elle n'avait reçu qu'une seule carte ? Il n'y avait rien à craindre avec Eugène. Eugène survivait au pire, rien ne pouvait lui arriver.

Mais le barrage avait fini par céder. Dans la rue, au spectacle d'un pigeon mouillé s'ébrouant sur le bord d'une gouttière, d'un enfant bousculé qui culbutait sur le pavé, d'un groupe de permissionnaires hilares, Sidonie se mettait à pleurer sans pouvoir s'arrêter.

Elle avait beau solliciter son imagination avec une énergie farouche, les vieilles images de fraîches rivières et de soupe chaude se télescopaient dans sa tête, s'émaillant à présent d'explosions et de baïonnettes qui la terrassaient une nuit après l'autre. Si la tuberculose pouvait s'appeler la phtisie, ne prendrait-elle pas aussi volontiers le nom, le visage et les canons des Boches ?

Et pourtant. Sans se l'avouer, bien sûr, elle gardait l'espoir que loin d'elle, à l'abri, son miraculé fût toujours vivant.

Eugène était coriace.

Insolent, impatient parfois. N'avaient-ils pas raison, ceux qui tentaient de l'apaiser, ne pouvait-il, Eugène, subir tout bêtement le courroux vengeur d'un vaguemestre qui avait décidé de ne plus envoyer son courrier ? N'avait-il pu, trouvant le temps long, attiré par le minois d'une jolie paysanne, se réfugier temporairement dans une ferme voisine, se trouver prisonnier des Allemands ou alors, et tant pis, avoir déserté son régiment ?

Sidonie avait continué à envoyer des lettres à son fils, pendant des mois, trois fois par semaine jusqu'à l'été 1918. Elle n'avait jamais reçu la moindre réponse. Elle avait écrit aussi à son caporal, à son sergent, à son lieutenant, à son commandant. Que s'était-il passé ? Qu'avaient-ils fait du soldat Herbin, qu'avaient-ils fait de son unique enfant, de sa famille entière ?

Elle avait pleuré, elle avait supplié, elle avait menacé. Et si elle avait eu leurs adresses, Sidonie aurait écrit pareillement à la Vierge Marie, à l'archevêque et au pape qu'elle priait pourtant chaque matin à Notre-Dame-de-Bonne-Nouvelle et à toute heure du jour à l'intérieur de son ventre.

Pour finir, ce 5 novembre vers six heures du soir, la Commission du Devoir de l'arrondissement a remonté la rue de la Lune et s'est annoncée à la concierge, demandant à s'entretenir avec la veuve Herbin.

Sidonie étant connue sous le nom de son second mari, il y a eu un moment de confusion, rapidement dissipé par la mention d'un prénom. La veuve Herbin était plutôt la veuve Buche, mais de toute la maison il n'y avait eu qu'un seul Eugène.

Herbin Eugène Jules Émile, c'est bien le nom de votre fils, n'est-ce pas, a articulé la voix de miel jaillissant du palier obscur.

Sidonie, souriante, la main encore sur la poignée, venait de se trouver nez à nez avec trois fantômes. Aux étages inférieurs, les portes curieuses s'ouvraient et se refermaient avec plus ou moins de discrétion.

La Commission du Devoir.

Par les fenêtres et dans les rues, on les guettait, les porteuses de mort, vêtues et gantées de noir, veuves de guerre elles-mêmes, qui pour trois francs étaient chargées par la mairie de venir annoncer en personne, avec la compassion et les envolées patriotiques adéquates, la disparition des pères, des frères, des maris et des fils.

Les autorités militaires françaises avaient enfin retrouvé la trace du miraculé.

Sidonie n'a pas répondu. Elle n'a pas pu confirmer en entendant ce nom.

Elle s'est simplement effacée pour les laisser entrer et la plus âgée a refermé la porte avec précaution.

Eugène était tombé au Chemin des Dames en mai de l'année 1917, un an et demi plus tôt. Cela correspondait tout à fait à la période où les lettres s'étaient arrêtées et Sidonie a hoché la tête, gravement.

Elles ignoraient si le garçon était seul au moment fatidique, s'il avait été emporté sur le coup ou s'il avait agonisé des jours, ne pouvaient dire ce qu'il était advenu de son corps, s'il tenait en un seul morceau ni même enfin si, quelque part, on avait pu lui donner une quelconque sépulture.

À ce jour, aucune de ces informations ne pouvait être apportée. Mais il fallait garder espoir. Les détails viendraient peut-être plus tard.

Quant à elles, membres de cette Commission du Devoir, elles venaient seulement annoncer que le soldat de deuxième classe Herbin n'était plus. Aussi, le cœur brisé, elles adressaient à sa mère les condoléances de tout un pays désolé.

L'important est de savoir que son enfant est parti en héros, a murmuré une des femmes. Que grâce à lui, la France est sur le point de remporter la victoire.

Eugène Herbin, mort bravement à l'âge de vingt ans.

Eugène Herbin, enfant de la France. Il est calme, madame, endormi.

Comme il est beau, votre garçon, votre soldat, madame Herbin, comme il est grand.

La plus jeune, aux pommettes rouges et à la peau grumeleuse, a penché la joue contre son épaule et a tendu le bras en souriant douloureusement.

Sidonie ne bougeait pas.

Elle n'a pas posé de question. Elle n'a pas hurlé, pas gémi. Pas même ouvert la bouche. Ses bras sont restés ballants. Ses yeux secs.

Et lorsque enfin le sentiment lui est venu que les trois autres en avaient fini avec leur discours, elle a hoché la tête, fait volte-face et est retournée s'asseoir devant sa machine à coudre. Là, elle a rapproché la lampe, posé ses doigts sur le cordon du tablier qui l'occupait avant leur arrivée et s'est mise à actionner des deux pieds la pédale sans plus se préoccuper d'elles.

Bien entendu, la Commission du Devoir avait pu, au cours de son pénible exercice, assister à un vaste échantillonnage de réactions, des plus véhémentes aux plus désespérées. Mais celle-ci, qui consistait en une sorte d'hébétude confinant au dérangement mental, était pour le moins déstabilisante.

Sur le bord encombré de la table de Sidonie, une main a placé une feuille de papier et les femmes en noir se sont furtivement concertées du regard avant de s'enfuir en maugréant.

Elle avait de la chance, la lingère, la cérémonie se tiendrait le lendemain même à neuf heures précises.

C'est cette feuille de papier que tient Sidonie entre les doigts quand, écarlate et désorientée, elle pénètre brutalement chez les Caillet quelques heures plus tard.

Passée la surprise face à l'irruption puis au silence que la malheureuse oppose aux regards pareillement ahuris de ses deux voisins, Jeanne se saisit de la convocation et se met à lire.

Là, il est écrit qu'à la mairie se déroulera le lendemain matin une Remise des diplômes.

Jeanne ne réfléchit pas. Elle ignore ce qu'ils entendent par là, alors elle le dit simplement.

Elle sera là. Elle ira avec Sidonie. Elles iront.

Un diplôme. Chez les Herbin comme chez les Buche, on ne sait pas trop à quoi ça ressemble, un diplôme. De toute façon, Sidonie n'est plus en état d'imaginer, de prévoir, d'exprimer ni même, dirait-on, de penser quoi que ce soit. La veille encore remplie de mots, de mouvements, de larmes et d'exclamations, la lingère a déserté son corps. Elle ne pleure pas, ne dit rien. Elle n'est plus qu'un pantin, aussi peu expressive que la poupée de chiffon de Léo.

Lorsqu'un peu plus tard la mère Birot, avertie par Jeanne,

vient frapper à sa porte, Sidonie ne lui ouvre pas. L'oreille plaquée contre le battant de bois ne distingue rien d'autre que le régulier balancement de la pédale de la machine à coudre. Et puisque la fabrique de camouflage qui l'employait depuis trois ans a renvoyé son monde, faute de combattants, la vieille femme ne peut se payer le luxe de manquer à l'appel de l'ouvroir qui a bien voulu l'embaucher voici quelques mois.

La lingère comprendra qu'elle ne soit en mesure d'assister avec elle à la mystérieuse Remise des diplômes.

Jeanne ira seule avec Sidonie.

# 11

Dans les rues qu'à pas heurtés elles traversent, l'une escortant l'autre, les gens continuent de vivre, de parler. Dans leurs bouches toujours les mêmes noms, excités, multipliés par l'imminence de la fin des combats.

Mais elles n'écoutent plus, ne regardent plus.

Jeanne, les sourcils froncés, prend garde à chaque instant que Sidonie n'aille pas déraper en descendant d'un trottoir, ne s'effondre d'un seul bloc sur la chaussée, ne bouscule personne. Elle lui parle tout au long du chemin et ses mots ne veulent rien dire, ils ne sont qu'un long ruban de papillons aux ailes tronquées qui s'étirerait autour d'elles pour tenter de les distraire.

Il ne faut pas qu'elle prenne froid, elles vont arriver à l'heure, cette chaussure, cette Chaussure nationale, qu'est-ce qu'elle fait mal au pied, la saleté, à croire qu'ils ont fourré un caillou ou un clou de travers dans l'épaisseur de la semelle, est-ce que Sidonie se trouve à l'aise dans ses bottines à elle, si seulement elles pouvaient se dégoter un bon morceau de paleron, une demi-poule, si seulement à l'atelier ou au grand magasin on leur laissait juste un peu de répit ces jours-ci, si seulement la grippe espagnole, si seulement elles arrivaient à l'heure.

Ils sont une soixantaine réunis dans la grande Salle des mariages, des femmes pour la plupart, intégralement vêtues de noir, au visage grave, accompagnées de jeunes enfants habillés en dimanche, d'un amputé en uniforme médaillé ainsi que d'une douzaine de vieillards larmoyants appuyés sur des cannes. Il s'agit des Familles des soldats tués à l'ennemi, et Jeanne, si elle n'en fait pas partie à proprement parler, se sent plus à sa place ici que celle qu'elle y a entraînée.

Sur une estrade, encadré de ses adjoints, le maire au torse bombé sous son écharpe tricolore déroule un interminable discours, avec dans la voix, dans les termes, une emphase à laquelle elles ne sont pas préparées.

À côté de Jeanne, Sidonie semble perdue et lance de droite à gauche de brefs regards abasourdis qui peu à peu s'éteignent. Jeanne la maintient fermement et plus les phrases s'allongent et s'entortillent dans un imaginaire horizon, plus, sans s'en apercevoir, elle referme convulsivement ses doigts autour du gras de son avant-bras.

Les mots du maire sont incompréhensibles, ils viennent et reviennent et giflent, Jeanne ne sait pas si elles sont censées, elles, les femmes, les ouvrières, calmer ces mots ou les remettre dans le bon ordre, si c'est vraiment à elles qu'ils sont adressés. Ça part trop vite. Ça monte trop haut. Il y en a trop.

Le tonnerre et le feu, les hommes gelés, boueux, à demi empoisonnés par les gaz délétères, les héros, l'amour, les frères, la défaite, l'espoir, la victoire, la légende, la paix, le sang, les martyrs, les enfants.

Le discours est criblé de ces débris enflammés. À l'image des combats traversés par ceux qui sont morts à ce jour, les mots officiels s'entassent sur l'assemblée en un chaos effrayant. C'est un bombardement dont Jeanne, occupée à redresser le squelette fléchissant de sa voisine, ne réussit guère à soutenir le feu plus de quelques minutes.

La guerre qui, vous le savez tous et toutes, va bientôt s'achever glorieusement, est une œuvre d'une si grande beauté qu'elle justifie tous les sacrifices... Non, ils ne sont pas morts tout entiers, ces hommes qui dans la vie ordinaire étaient si simples, et qui dans la fureur des combats sont devenus si grands !

Tandis qu'ici et là l'assistance s'éclabousse de lauriers, de sanglots, Jeanne ne peut empêcher son esprit de flotter jusqu'à la rue de la Lune. Si grands ? À quelle hauteur peut bien culminer Toussaint aujourd'hui, lui qui, du flot des ouvriers s'échappant de la fabrique de la rue Pixerécourt, en dépassait la plupart d'une tête ? Au moment où il s'était encadré devant elle, le soir de son retour, il est vrai qu'elle l'avait trouvé grandi. Depuis, elle ne sait plus.

Le maire, jetant les yeux sur ses feuillets, enchaîne avec des lettres de soldats.

Ne me pleurez pas trop, car ma fin est enviable entre toutes. Laissez-moi dormir où le hasard des batailles m'aura mis, au milieu des morts pour la France. J'y dormirai bien. Je meurs, mais je meurs content. Vive la France !

Un adjoint prend maintenant la parole et présente aux familles, appelées tour à tour, les fameux diplômes que le maire leur remet après accolades, poignées de main et chuchotements mouillés.

Lorsque le nom d'Eugène Herbin retentit à travers la Salle des mariages, Jeanne se contracte douloureusement mais Sidonie, sous la paume crispée de sa main, ne frémit qu'à peine, déplaçant son visage de quelques centimètres en direction de la voix, comme si, à l'apparition d'un son vaguement familier, elle s'était trouvée interrompue dans sa rêverie. Puis, aussi brusquement, ses épaules s'affaissent et elle replonge dans la stupeur.

Le silence s'étire, les têtes ici et là pivotent, on se mouche et, peu à peu, la foule noire est traversée de murmures.

Jeanne s'avance vers l'estrade. Ses yeux sont pleins de larmes et, gonflée de colère, elle tremble en baissant la tête. En vérité, c'est en nombre qu'ils se propulsent vers la tribune. Car les bras de Jeanne n'étreignent pas que Sidonie. Ils entraînent pareillement Eugène disparu, le corps abîmé de Toussaint et celui, fragile, de la petite fille qui dit qu'elle a deux papas, celui de la photo et l'autre, là, debout, couché, mais qui toujours a mal à la figure.

Les hommes. Eugène et Toussaint.

Morts à moitié. Sans sépulture connue.

Les femmes. Sidonie, Jeanne et Léo.

Ni veuves ni orpheline de guerre, et pourtant demi-mortes d'être toujours vivantes, d'avoir tellement perdu. Elles, les trois, qui ne portent aucun nom, ne peuvent veiller aucun cadavre.

Le maire tapote le dos rond de Sidonie et glisse entre ses doigts l'affiche du Diplôme aux Morts pour la Patrie, pleine d'ailes, de lances et de bras levés. Jeanne remercie d'un bref hochement de tête et, à leur suite, viennent se présenter de nouvelles personnes endeuillées.

Comme aux riches dynasties les portraits des illustres ancêtres, conclut le maire, brandissant une main vers le ciel, à vous aussi, mes amis, ce Diplôme d'honneur aux familles des soldats tués à l'ennemi vaudra titre de noblesse. Ils seront pour vous parchemins, reliques sacrées que vous accrocherez sur les murs de vos salons… Chacun de vous a désormais son ancêtre ! Mais souvenez-vous que si celui-ci vous élève au-dessus des autres, il vous imposera tout autant de vous élever au-dessus de vous-mêmes. Car partout, bientôt, sur les monuments publics, gravés en lettres d'or sur des plaques de marbre, resplendiront vos noms. Alors vous entendrez vos chers disparus s'écrier : Ô mes parents, je ne veux pas être pleuré, car j'ai eu la plus belle mort qui soit au monde.

## 12

La nuit est tombée depuis bien longtemps.

Léo a fini par s'endormir dans son lit-cage et siffle en expirant. Sans se toucher, Jeanne et Toussaint se tiennent immobiles, allongés côte à côte dans le grand lit.

Le poêle ronfle faiblement et Jeanne a froid dans l'ensemble du corps, tandis qu'une douleur sourde lui monte du pied gauche, meurtri par sa Chaussure nationale, trop serrée, mal fichue.

Elle était pourtant si contente d'avoir réussi à se procurer une paire de ces bottillons neufs. La pénurie et les prix pratiqués sont tels que le gouvernement a récemment lancé cette fameuse idée de Chaussure nationale, aux tarifs et à la fabrication contrôlés. À peine arrivés sur le marché, ces souliers ont été pris d'assaut. Ainsi, la mère Birot raconte avoir fait vingt boutiques à travers Paris sans jamais parvenir à y trouver sa taille. À la fin de l'été, Jeanne a pu en racheter une paire à une rosière de l'atelier. Celle-ci a bien voulu, pour vingt-cinq sous de moins que le prix d'origine, lui céder ces bottines, finalement trop petites pour elle. Aujourd'hui, avec cette douleur, Jeanne se demande s'il n'y avait pas davantage qu'une histoire de pointure.

Il faudrait qu'elle les montre à Toussaint. Il les retournerait, les tâterait, glisserait ses pouces savants aux endroits stratégiques. En quelques secondes, à la façon d'un médecin auscultant un malade, l'ancien ouvrier monteur saurait trouver le défaut, s'il en existait un.

Pourtant, elle ne dit rien de sa chaussure ni de son tourment. La journée a déjà été suffisamment difficile. Elle a dû veiller pour tenter de rattraper son retard, et ses épaules, ses doigts, ses paupières, grouillent de minuscules éclairs blancs.

Il est aux alentours de deux heures du matin.

Elle pense à Sidonie, tend l'oreille pour surprendre les bruits à travers la cloison. Tout est silencieux. Elle se demande si, à côté, la lingère a réussi à s'endormir, ou bien si comme elle, elle se tient simplement sur le dos dans l'obscurité, les yeux grands ouverts, les bras enlaçant sa poitrine pour essayer de se réchauffer. Elle se demande si, enfin, elle a réussi à pleurer, à pleurer en grand et toute seule.

De retour de la mairie après la séance des Diplômes, les deux femmes ont fait un détour par la Soupe ouvrière, mais il y avait tant de monde et Sidonie se comportait de manière si étrange que Jeanne a dû renoncer. Elles ont pris à pas lents le chemin de la rue de la Lune, la fleuriste toujours aux commandes, veillant.

Et une fois les étages gravis, Jeanne a compris qu'il lui faudrait ouvrir elle-même la porte de sa voisine car celle-ci, postée devant le battant, les jambes légèrement écartées, placide, semblait ignorer ce qu'elle était censée faire à l'instant. S'agrippant au grand rectangle de papier du Diplôme, elle se tournait vers elle, un sourire égaré aux lèvres.

Interloquée, Jeanne a ouvert la bouche, s'est raclé la gorge et puis a acquiescé. Eh bien. Elle a prononcé son prénom, elle a dit Sidonie, Sidonie, elle a dit qu'est-ce qu'ils t'ont fait et puis elle a soupiré par le nez, elle a dit on est arrivées, il faut la clé, il faut la clé Sidonie. Mais elle a dû fouiller les poches, et puis ouvrir la porte, et la pousser à l'intérieur.

Chichement garni, le logement de la lingère est presque

aveugle tant le goulot censé l'éclairer est étroit, obscur. La première pièce a usage de chambre à coucher, d'atelier de couture et de cuisine. La seconde, soigneusement dissimulée derrière une porte tenue close, est celle où Eugène, et en leur temps ses quatre frères, ont eu rassemblés leurs lits et leurs effets.

Elles sont entrées et l'air était glacé. La fenêtre avait été laissée grande ouverte. Jeanne s'est précipitée et l'a fermée, non sans difficulté tant le bois des vantaux avait joué avec les années et l'humidité. Se retournant alors, elle s'est aperçue que le plancher, les meubles, étaient recouverts de linge blanc.

Après vingt-sept ans d'exercice, la lingère s'était fait une spécialité du tablier d'office, qu'il soit de valet ou de femme de chambre, et il semblait que l'intégralité de sa production des jours précédents, ainsi que certaines pièces en attente d'assemblage, avaient été répandus à travers la chambre. Non pas comme si, saisie de désespoir après la visite de la Commission du Devoir, elle avait fait voler la toile en l'air dans un geste de refus, mais plutôt comme si cet épandage, fidèle au calme singulier qu'elle affichait depuis, obéissait à une logique précise. Coulées blanches sur le coffre, taches volantées sur le dossier des chaises, fantômes pendus au miroir ou au grand crucifix qui surplombait le lit, pansements noués à la poignée de la fenêtre et, pour finir, flaques claires parsemant le plancher poussiéreux.

Jeanne, frigorifiée, vaguement mal à l'aise, s'est mise à frapper du pied sur le sol.

D'un geste rapide, elle a ramassé les pièces de tissu les plus accessibles et les a placées sur le bras d'un fauteuil, sommairement pliées. Elle a fait asseoir Sidonie. Elle a trouvé trois pommes de terre germées et un navet qui dans le faitout baignaient encore dans leur eau de cuisson. Elle les a égouttés, épluchés, coupés en morceaux et elles les ont mangés froids, sur un coin de table, avec du pain.

Et tandis qu'elles mâchaient de concert, lentement, les doigts gourds, le pied de Sidonie battait une imperceptible mesure, sa poitrine s'agitant de menus soubresauts, comme si elle était pleine de battements prisonniers dont elle aurait marqué la cadence.

De l'autre côté de la cloison, un raclement s'est fait entendre, Toussaint qui se levait, qui marchait dans la pièce, pris d'une incoercible quinte de toux.

Sidonie n'a pas réagi.

Jeanne aurait voulu lui parler d'Eugène, sans doute était-ce le moment, mais qu'est-ce qu'elle aurait bien pu dire ? Elle l'avait si peu connu, le gamin, si brièvement entrevu lors de ses permissions. Et puis quoi ? À quelle douceur, quel avenir pouvait prétendre une femme ayant perdu sept hommes les uns après les autres ? Que dire à une mère à laquelle, de surcroît, il manquera toujours un cercueil ? Comment s'y prendre ?

À la mairie, après tout, avec leur verve pontifiante ils avaient peut-être emprunté le seul chemin imaginable. Ils avaient ululé d'extase au souvenir des héros. Ils avaient interdit les pleurs et Sidonie avait obéi.

Eugène était le dernier, celui en qui elle avait cru, le seul à ne pas l'avoir laissée seule, seule et coupable survivante.

Eugène ! Pour elle, oui, cette fois Eugène était Tous les hommes.

Qu'est-ce que Jeanne aurait pu ajouter, avec son demi-malheur à elle, quelles promesses d'apaisement, quels mensonges ? Toussaint, lui, allait finir par guérir, s'habituer, se détendre, se reprendre, elle pouvait au moins s'efforcer d'y croire et envisager qu'elle aussi, elle se ferait à l'homme en lequel il s'était mué, avec sa blessure et ses souvenirs. Et puis il y avait Léo.

Mais pour Sidonie ?

Jeanne l'a observée qui mâchonnait la croûte de son pain en penchant la tête de côté, à la façon d'un chat. Elle a remarqué les joues grises, les lèvres piquetées de peaux sèches, les sombres flammèches des cheveux s'échappant du chignon. Elle a vu les yeux vides, enduits d'une taie laiteuse.

Sidonie ?

Lentement, la lingère a haussé le menton, leurs regards se sont croisés l'espace d'une seconde et Jeanne, désemparée, ne sachant lire ce qu'elle voyait de ces yeux-là, s'est levée de sa chaise, sans réfléchir, s'est placée derrière Sidonie, les deux mains sur ses deux épaules. Elle a pris sa respiration et elle est restée là, sans bouger.

Eugène.

Elle s'est demandé si, au moment ultime, le mot avait fini par franchir ses lèvres. Est-ce que le petit avait appelé sa mère avant de partir ?

Pour l'avoir vécu plus tôt en apprenant la blessure de Toussaint, elle devinait que dans la chair de Sidonie mille fois par jour son garçon revenait mourir. Qu'elle avait tout imaginé. Chacune des positions, sur le dos, sur le flanc, sur le ventre ou assis, le visage dans l'herbe ou sur les fers des barbelés, dans la terre des tranchées, dans la vase ou la boue liquide, dans sa cagna ou même dans l'eau du ruisseau où elle rêvait qu'Eugène aille étancher sa soif. Le jour ou la nuit. Le soleil ou la pluie. Chacune des meurtrissures.

Elle savait que la pauvre femme avait réveillé toutes les agonies, les viscères arrachés, les cervelles, les bras, les jambes, les dos grands ouverts et les yeux crevés. Les mouches, les vers et les rats.

Alors elles sont venues d'un seul coup.

Les larmes.

Sidonie se tenait assise, droite et sèche et là-derrière, debout, Jeanne se laissait pleurer pour elle.

Les minutes ont passé.

Peu à peu, Sidonie a fini par s'abandonner, donnant l'arrière de son crâne contre la poitrine de Jeanne. Il y avait toujours le silence, à peine troublé de sanglots étouffés, de reniflements, mais surtout, montant de l'une jusqu'à l'autre, plus douce que des mots, il y avait l'eau de Sidonie qui traversait le corps de Jeanne et roulait chaude sur ses joues.

À la fin, Jeanne a sorti un mouchoir de sa manche et s'est mouchée avec un grand bruit qui a sonné la fin de l'averse.

Sidonie s'est saisie du dernier morceau de pain qui restait sur la table et l'a fourré dans sa bouche avant de se dresser avec une sorte de brusquerie. Elle a lancé un œil en direction du Diplôme, qu'en entrant elle avait soigneusement placé sur une étagère de son armoire béante.

Murmurant alors des syllabes incompréhensibles, ânonnant une chanson sans air, sans paroles, elle a pioché une bavette blanche sur une chaise et un volant sur le fauteuil et s'est installée devant sa machine, face à la fenêtre.

Elles allaient se remettre au travail.

Les deux.

Avec tout ça, Jeanne avait bien quatre heures d'ouvrage en retard.

Elle se sentait rouge, fatiguée. Pleurer l'avait réchauffée, amollie. Avec maladresse elle a embrassé Sidonie dans les cheveux, a promis de revenir et est retournée à ses renoncules.

De l'autre côté du mur, le silence était revenu.

# 13

On ferme l'orifice par deux points au catgut, en retournant en dedans la collerette limitant la perte de substance muqueuse.

On fixe une douzaine d'étamines à l'extrémité d'un cep et on enroule l'effilé tout autour, de manière à obtenir un petit balai.

À l'aide de deux sections portant l'une en dedans, l'autre en dehors, on résèque les bords de la fissure et toute la masse fibreuse.

Les jacinthes ont des tons doux et atténués : le bleu, le mauve, le rosé et le rouge seront rendus par des bains plus ou moins chargés d'outremer, de laque violette, de laque magenta ou carminée.

Par une boutonnière pratiquée sur la joue, on enfonce à plat un bistouri sous les téguments d'arrière en avant, ramenant le tranchant vers la profondeur.

On dégrade la couleur, tantôt vers les bords des pétales, tantôt vers la tige, pour obtenir une grande variété de nuances.

La petite plaie qui a livré passage au bistouri est refermée par deux crins de Florence fins.

On courbe avec la pince l'extrémité supérieure des pétales, tandis qu'on les boule à chaud vers la base, sur le coussin ou le carré de caoutchouc.

La bordure rouge qui garnit les fentes de l'encoche est

détachée, on enforme deux petits lambeaux qui sont ramenés en bas et fixés l'un à l'autre.

Lorsque les calices sont refermés, on les étale sur des papiers à tremper et on les perce à mesure avec une épingle avant de les enfiler.

Un point de suture réussit à réunir les surfaces cruentées, un autre à rapprocher les deux lambeaux.

Il faut également prévoir un second calice déblanchi à cinq pointes ou griffes qui, se roulant en cornet, formera le fond de la corolle.

Glissée par une boutonnière percée au niveau de l'espace intersourcilier, on insinue sous les téguments du front une baguette de cartilage costal, prélevé sur le sujet lui-même.

Les pétales se trempent dans un bain d'ophélia étendu d'eau et d'alcool. Ils sont ensuite striés, piquetés, panachés à l'aide d'un pinceau de martre, boulés, pincés et enfin montés sur le cep pour former la fleur la plus ravissante qui ait jamais paré chapeau de femme.

Notre homme est maintenant dans de bonnes conditions et va quitter le Val-de-Grâce pour retourner à son corps.

# 14

Et maintenant, Jeanne est étendue dans le lit, les yeux ouverts, devinant à ses côtés l'haleine et la masse assoupie de Toussaint.

Elle s'est couchée sans prendre la peine de dénouer ses nattes. Sous son crâne, celles-ci forment un renflement compact qu'elle s'efforce de caler au profond de son oreiller.

Comme c'était prévisible, elle n'a pu rattraper totalement son retard, même en veillant si longtemps que les bruits de la cage d'escalier, puis ceux de la rue, s'étaient tus un à un.

Fermer les yeux.

Dormir.

Elle va devoir se lever tôt. La nuit, dehors, sera la même nuit. À cause de ce qui s'est passé avec Sidonie, elle aura une demi-grosse de renoncules en plus de son programme quotidien à faire le lendemain.

Il faudrait laisser fondre. Au creux de son chignon, les pensées viendraient se mettre en rond et, petit à petit, dociles, suinteraient comme une huile chaude au travers des cheveux, des plumes et de la vieille laine du matelas. Les pensées tournoyantes feraient enfin place au sommeil.

Mais les pensées ne sont pas dociles. Elles tournoient.

Toussaint.

Toussaint, et puis maintenant Sidonie. Leur silence.

Qui sait si Léonie, à son tour, n'imaginera pas s'encoquiller bientôt à l'intérieur de sa tête pour se taire à jamais.

Ce qui semble un univers sans mots s'installe autour de Jeanne. Les combats de ces dernières années n'ont fait d'elle ni une veuve ni même, et dans le noir elle cherche ce nom qui n'existe pas, une mère orpheline d'enfant. Non. La guerre peut frapper autrement. La guerre peut priver de paroles.

Elle remonte le drap jusqu'à la racine de ses cheveux, fait pivoter sa tête. On dirait qu'à côté, la respiration accuse un léger sursaut. Toussaint ne dort pas. Elle grignote quelques centimètres, lentement se rapproche, ne s'immobilisant que tout au bord de lui, découvrant, à travers les tissus qui séparent, le début de sa chaleur et son souffle attentif.

Elle respire fort. Elle renifle. Il y a ce fumet, ce goût dans l'arrière de sa bouche. Elle ignore si elle s'est faite à la nouvelle odeur de Toussaint, ou si, lentement, à son contact à elle ou à celui de son lit d'autrefois, il a recouvré celle d'avant, familière, la grande odeur de sel et de cuir, de fumée, de crin.

Toussaint la guette dans le noir.

Voici presque deux ans, il lui a écrit qu'il voulait qu'elle vienne pas. La veille, il a ajouté pas encore.

Et elle, alors.

Elle, Jeanne.

Dans le noir qui protège, elle chuchote. Sous le drap, elle chuchote.

*Toussaint.*

Elle dit Toussaint, elle le dit, le répète. Elle ne l'appelle pas. Elle prononce simplement son nom, faisant rouler une syllabe puis l'autre sur sa propre figure. Malgré la fatigue et la peur, sa voix est claire, elle se tient droite.

Toussaint.

Alors, dans l'apaisement qui depuis toujours suit le mot chaque fois qu'il lui est venu, dans ce morceau de silence qui est encore Toussaint, en elle s'élance le frémissement. En elle, revenu, réveillé, le plaisir qu'il lui semblait perdu, celui de tenir Toussaint dans l'espace de sa bouche.

Au commencement de leur histoire et même longtemps après, elle articulait souvent son prénom pour elle-même, à voix haute, comme plongeant dans les délices d'une eau mystérieuse, envahie d'herbes. Toussaint. Elle se le donnait en secret, assise à sa table dans la solitude bouleversée des fleurs, ou bien dans le vent de la rue, le nom se mélangeant à l'air. Parfois, elle en titubait, étouffée de lui, ivre de sons et rougissante.

Toussaint, Toussaint et puis encore Toussaint, toujours plus friand de frôlements, un mot inventé pour faire les lèvres s'avancer, se glisser, un mot poudré de fin duvet, qui roulait dans l'oreille et dans les cheveux, sur la peau.

Toussaint.

Jeanne se souvient, le lance encore dans la nuit de la chambre. Toussaint.

Et, emportée, elle s'engouffre dans son élan.

Elle dit pour Sidonie. Elle dit qu'elle a pleuré, tout à l'heure, les premières larmes de Sidonie.

Elle dit aussi qu'elle a conservé, dans la boîte en fer, chacune des lettres qu'il lui a écrites, chacune des fleurs ou des feuilles sèches qu'il lui a envoyées, bouton-d'or, trèfle à trois feuilles, houblon, pâquerette, vipérine bleue, fleur de trèfle blanc. La bague d'aluminium qu'il a gravée pour elle à partir d'une fusée allemande, avec leurs initiales, elle l'a gardée au majeur jusqu'en janvier de l'année précédente, jusqu'à la fameuse première lettre du Val-de-Grâce. Elle dit qu'à onze reprises il a commencé ou terminé ses lettres par Ma petite chérie. Elle dit qu'elle a eu du mal à compter celles où il l'a embrassée, où il l'a caressée sans l'écrire. Elle dit que lui non plus n'a pas pu calculer, du fond de sa tranchée, le nombre de fois où elle l'a pris, où elle l'a tenu contre elle, de toute sa force.

Les mots lui viennent comme une suée. Dans le noir, ils ne demandent pas de réponse.

Ils racontent.

Elle dit qu'à la mort de Bella, deux ou trois jours après la mise en terre, elle l'avait suivi dans la rue, Toussaint, zigzaguant à travers Belleville. Et là, d'un coup, elle l'avait vu. Lui, jeté contre un mur de la rue Ramponeau, elle l'avait vu, de dos, s'affaisser et tomber plein de larmes, tandis qu'elle, elle, elle restait en retrait, hébétée, sur le trottoir d'en face, sans pouvoir, sans savoir l'approcher.

Elle dit que Léo a eu la varicelle un hiver, et qu'elle l'a attrapée juste après. À l'atelier, c'était la haute saison. Malgré la guerre, il y avait de la presse pour les fleurs. L'ancienne concurrence allemande était balayée, on envoyait toujours en Amérique, un peu en Angleterre et la patronne ne comptait pas attendre. Même une ouvrière qualifiée ne pouvait défaillir plus d'un jour. On ne l'attendrait pas. Il fallait rendre à temps. Alors, bonne fille, Sidonie allait livrer le soir à sa place.

Elle dit qu'une nuit, elle s'était obstinée à monter ses camélias avec tellement de fièvre partout dans la tête que, sur sa table, les pétales presque noirs se recroquevillaient par magie, les ceps se vrillaient, se muaient en akènes plumeux.

Elle dit qu'à l'école de la rue Fondary, où entre treize et seize ans on lui a enseigné le métier de la Naturelle, elle a appris le langage des fleurs. Elle dit que les listes lui sont revenues à l'esprit en recevant ses lettres. Le trèfle, qu'à deux reprises il lui a envoyé, sous forme de feuilles et de fleur séchées, elle s'est souvenue qu'il voulait dire le doute, le bouton-d'or la raillerie, la pâquerette l'innocence.

Elle dit qu'un dimanche, au mois de mars, un obus de la grosse Bertha est tombé à côté, à quelques maisons de là, au début de la rue de la Lune. Ce matin-là, deux personnes avaient été tuées et huit autres blessées. Elle n'en connaissait aucune mais elle avait gardé, dans le ventre et pendant des mois, le bruit de l'explosion enfermé comme une bête vivante. La détonation habitait en elle, remuait, elle était d'os et de dents, de souffle immense, elle ouvrait des trous aussi vastes que celui qu'elle avait vu sur la façade, aux quatrième et cinquième étages de l'immeuble. Ensuite, à chaque nouvelle bombe lointaine, et même à tout bruit un peu fort, elle éclatait à l'intérieur. Dans la cave où, plusieurs fois par semaine, elles finissaient par se réfugier avec les autres de la maisonnée, elle essayait de rassurer Léo. Elle expliquait qu'il n'y avait rien à craindre. Elles étaient à l'abri, toutes les deux, il ne leur arriverait rien. Et d'une certaine façon elle ne mentait pas. Elle le pensait vraiment. C'est son corps, lui, qui chantait une autre chanson. Depuis ce matin de mars, son corps était fabriqué en gros morceaux de peur.

Ici, Jeanne s'interrompt, repousse un peu le drap. Elle réfléchit à ce qui a pu se passer, là-bas, pour Toussaint. Elle songe à sa frayeur d'homme. Elle se demande si, avant que l'une d'entre elles ne fasse définitivement cesser les bruits en venant lui arracher la figure, la carcasse de Toussaint avait été assez grande pour enserrer le fracas de l'ensemble des bombes.

Elle dit qu'elle a eu peur pour lui. Que la nuit, acharnée, pour le maintenir en vie elle appelait au secours les images familières de son visage et de ses mains, elle voulait l'avoir en entier, en mouvement, sous ses yeux. Parfois elle le perdait, il s'échappait, il devenait si flou qu'elle devait se lever à tâtons, rallumer la lampe et marcher jusqu'à sa photo sur le mur.

Elle dit aussi, très vite, que lorsqu'il se trouvait à l'hôpital, une semaine après son entrée, elle a cassé trois œufs dans un poêlon pour son dîner avec Léo. Elle dit que le dernier œuf était rempli de sang. Elle dit qu'au-dessus du fourneau, elle est restée pétrifiée, à regarder l'œuf cuire dans son sang avec les deux autres, et que c'était la chose la plus violente qu'elle ait vue de sa vie, parce qu'elle savait que ce sang était celui de Toussaint.

Elle dit que le lendemain, elle a reçu la lettre. Il voulait qu'elle vienne pas.

Elle dit qu'un peu plus tard, en février, elle est allée au Val-de-Grâce avec au ventre l'idée féroce de le trouver et de l'emporter avec elle, mais que, pour finir, elle n'a pas réussi à franchir ne serait-ce que la porte d'entrée. C'était sans doute à cause du froid.

Elle dit que le froid peut geler les élans.

Et puis, pour se calmer, puisqu'il va falloir s'endormir, elle dit et redit simplement Toussaint pour elle-même.

Toussaint.

Toussaint.

Dans le lit-cage, Léo se tourne en grognant. Jeanne a parlé trop fort.

Elle ferme les yeux.

Elle est si fatiguée. Des images de renoncules apparaissent et ondulent. Elle soupire. Elle est un peu réchauffée, elle a un peu moins mal au pied. Elle humecte ses lèvres.

Elle sourit dans le noir.

Ça, Jeanne ne l'a pas dit, ne l'a pas demandé. Elle l'a peut-être simplement pensé.

Si c'était vrai qu'à compter de ce jour, alors que la Serbie était libérée, que le Kaiser abdiquait, que les Boches s'en allaient, elle vivrait pour toujours entourée de rocs et de murs, si c'était vrai que jamais ni sa voisine ni l'homme qu'elle avait marié ne lui parleraient plus.

Elle ne l'a pas dit. Elle commence juste à s'assoupir.

Mais à côté d'elle, sans les voir, elle sent les poings de Toussaint se serrer, et à leur suite tous les muscles se tendre sous l'édredon, elle a juste le temps d'écarquiller les yeux et à peine celui d'avoir peur.

Un mot jaillit dans l'obscurité. De l'eau vient gicler d'un rocher. C'est un mot de lave, de silex, un éclat sous-marin frotté de salive et de sang, d'échardes, de cavernes.

Il dit *non*.

Il dit non peut-être dix fois, et dix fois c'est comme dix coups que Toussaint se donne à la bouche.

# 15

Le lendemain est un jeudi.

Les jeudis, Léo ne va pas à l'école. Tout le jour elle reste à tournicoter entre les lits et le débarras, examine dans leurs boîtes, sans y risquer un doigt, les copieuses renoncules dont Jeanne vient d'achever le montage, puis, comme à son habitude, dispose sur le carrelage sa collection personnelle de pétales et de plumes.

Depuis qu'elle a l'âge de jouer, assise aux pieds de sa mère à l'ouvrage, Léo fait son trésor de ce qui tombe à terre. Jalousement veillé, ce butin est conservé dans une petite poche en tissu donnée par Sidonie. Jeanne n'a pas le droit d'y toucher. Tout au plus peut-elle l'admirer, de temps en temps et dans un silence respectueux, quand avec cérémonie sa fille veut bien l'exposer sous ses yeux.

Hormis quelques feuilles banales, mêlées aux autres mais de peu d'importance, les pétales et les plumes de Léo possèdent un caractère défini et portent un nom, parfois sans rapport avec leur apparence ou leur identité véritable. Œillet, Grosse Verte, Mimi Toton, Canard, Grande et Petite Capucine, Mimosa, Radis sont les préférés et l'objet de soins attentifs. L'enfant entretient avec eux, comme avec sa poupée, des liens passionnels et d'interminables conversations, auxquelles Jeanne ne comprend rien mais qui semblent fasciner Toussaint depuis qu'il a loisir d'en être spectateur. Les premiers jours intimidée, puis agacée par le regard insistant de son père, Léo n'y prête plus la moindre attention aujourd'hui. Elle joue comme avant, volubile et tranquille.

Ce jeudi-là, bien qu'elle assure ne pas avoir la colique, à maintes reprises la petite interrompt son jeu pour réclamer le pot de chambre. Enfin, vers le milieu de l'après-midi, Toussaint s'extirpe du fauteuil, lui fait signe.

Debout, la clé à la main, il propose muettement d'accompagner sa fille un étage et demi plus bas. Le réduit malodorant est commun à une douzaine des locataires de l'immeuble et, d'ordinaire, Léo rechigne à s'y rendre. L'endroit la dégoûte et l'effraie. Mais à l'instant prise au dépourvu, mue par un mélange de curiosité et de désir de tromper son ennui, elle abandonne ses pétales, se laisse guider sur le palier.

La porte reste entrouverte et Jeanne, aux fleurs depuis l'aube, s'arrête pour écouter les pas lourds et les petits pieds hésitants s'éloigner dans l'escalier obscur. Bientôt, la voix flûtée de Léo, retournée à son monologue habituel, s'amenuise à mesure qu'elle descend les marches en commentant sa progression.

Pour quelques minutes, voilà Jeanne seule chez elle, et seule elle ne l'a pas été depuis presque dix jours. Cette solitude passagère, ce vrai silence qui n'est pas simple absence de bruit, tout cela lui manquait sans qu'elle s'en fût aperçue.

Elle repose sa boule sur la chaufferette, se détend les doigts, les épaules.

Enfin, Toussaint a quitté la pièce. Elle se demande si un jour il va se décider à affronter le monde du dehors, s'il va penser à retrouver du travail.

Elle a entendu parler de ces grands invalides. Munis de prothèses de métal toutes neuves, ceux-là ont repris les travaux des champs. Certains n'ont plus de main, de bras, mais, dit-on, peuvent manier un outil, boire dans un verre, attraper délicatement leur pipe. Les malheureux que l'on a amputés d'une jambe sont capables de marcher et même de retourner la terre. Pour eux, on a été jusqu'à inventer un pied prenant la forme d'une bêche.

Assurément, Toussaint n'en est pas là. Il a toujours ses mains, ses bras, ses jambes, sa colonne vertébrale. Il peut tout faire. S'il se présentait rue Pixerécourt, à la fabrique de chaussures, Jeanne est sûre qu'on le reprendrait. Malgré ses problèmes d'élocution. Malgré son bandeau.

Il faudrait qu'elle lui dise, un de ces jours prochains. Qu'avec son seul salaire à elle, ils ne tiendront pas.

Avec la fin de la guerre qui s'annonce, on peut parier que le moratoire des loyers n'en a plus pour longtemps. Le charbon, la nourriture, les vêtements, tout est tellement cher et difficile à trouver. Le pain, le lait, le sucre, le charbon sont rationnés. Depuis le mois de mai dernier, les boucheries sont fermées trois jours par semaine. Les pâtisseries ont disparu. Elle n'est pas sûre que son mari se rende compte. On manque de tout à Paris. Dans la rue, les dérouilleurs de clous traquent les vieilles caisses jetées et extraient le métal. Et les vieilles caisses sont rares, car les gens les gardent ou les ramassent aussitôt, les débitent en maigres fagots, les font brûler dans leur propre poêle ou les vendent.

Avec le froid qui vient, on récupère les peaux de lapin, on fait des boulets à brûler avec du vieux papier, on pille même les arbres. À plusieurs reprises les hivers précédents, Jeanne est allée avec Léo et Sidonie écorcer les platanes le long du bois de Boulogne. De la ferme à Replonges, sa mère lui a envoyé la fourrure d'un renard braconné. Cette peau rousse sent bien fort mais Jeanne l'a posée sur sa chaise, elle lui tient chaud aux fesses.

La situation à l'arrière, si elle n'a pas de commune mesure avec ce que vivent les soldats sur le front, s'est aggravée d'année en année. Toussaint, que ce soit dans les tranchées ou bien à l'hôpital, n'a rien su de la vie qu'ils menaient.

La guerre est presque finie, tout va rentrer dans l'ordre. Les prix vont sûrement s'assagir, la nourriture revenir, on leur versera peut-être une pension. Mais comment être sûr, et comment savoir si on tiendra jusque-là ?

Vers cinq heures du soir, Jeanne se prépare pour la livraison. Elle va emmener Léo, ne la laisse pas seule le jeudi, même depuis que Toussaint est revenu.

Au moment de sortir, sur le palier elle trébuche. Il y a là, sur le sol, un baluchon de tissu rayé familier. Il s'agit des tabliers de Sidonie, enveloppés d'un carré de cheviotte usée. D'ordinaire, le paquet à livrer est plus rebondi, à peine doit-il contenir cet après-midi-là une douzaine et demie de pièces.

Jeanne est désarçonnée. Il n'est jamais arrivé que sans rien dire la lingère abandonne ainsi son ouvrage. D'habitude, elle entre, bavarde et prodigue mille recommandations à transmettre à la mère Aymard, la responsable chargée de réceptionner le travail des ouvrières en chambre. Et si Jeanne n'est pas chez elle, alors Sidonie attend, revient une ou deux heures après. C'est ainsi qu'elles s'organisent. Chacune son tour, pour gagner du temps de travail, elles groupent les livraisons. Car les livraisons mangent les heures, et les heures les meilleures, celles de pleine lumière, lorsque restée chez soi, à sa table, on n'aurait pas besoin d'user la lampe pour avancer dans ses commandes. Le temps perdu à livrer, à attendre à l'atelier, au magasin ou chez l'entrepreneuse est toujours pris sur le sommeil.

Cette fois, le paquet est posé par terre, il est comme un cadavre que Jeanne hésite à reconnaître.

Elle va frapper à la porte, mais Sidonie ne répond pas. Quelques étages plus bas, tout l'espace de silence est mangé par les cris de voisines querelleuses. Léo, pressée de partir, excitée par la perspective de prendre le métro, dévale marche après marche sur les fesses. Elle est déjà au troisième. Alors Jeanne s'impatiente et tourne les talons.

Les bras chargés, fendant l'odeur d'oignon et de hareng frit qui semble empoisser depuis toujours l'atmosphère des parties communes de cette maison, elle s'engage à la suite de sa fille dans l'escalier glissant.

Le métro grouille de voyageurs pressés, fatigués. Il ne reste aucune place assise dans la voiture de seconde classe dans laquelle elles viennent de monter et Jeanne, bringuebalante, encombrée de paquets, essaie tant bien que mal de maintenir contre elle le corps de la petite.

Un jeune homme d'une vingtaine d'années est installé sur l'une des banquettes centrales. La manche droite de son manteau flotte, vidée de chair, et Jeanne, qui vient de croiser son regard, imagine machinalement l'aspect du moignon. Elle se dit qu'il n'est peut-être pas encore cicatrisé, se demande si elle aurait le courage d'y toucher.

Qu'ils s'y promènent en petits groupes tout juste sortis de l'hôpital, y fassent commerce d'objets patriotiques ou bien passent en rasant les murs, clopinant sur leurs béquilles, les mutilés de guerre sont nombreux dans la rue ces temps-ci. Certains en sont même réduits à mendier sur les trottoirs.

Perdre un bras est un drame terrible pour tout être humain, mais pour un ouvrier c'est bien pire, se dit Jeanne en serrant les lèvres. À observer l'homme sur la banquette, avec ses joues à peine bleuies, sa moustache bien taillée, son air rêveur et ses ongles, enfin ceux qui lui restent, impeccablement soignés, elle devine qu'il s'agit là d'un fils de bourgeois, d'un étudiant. Ce petit trouvera bien à s'employer dans un bureau.

On ouvre les portes. Une grande partie des voyageurs s'égaille sur le quai, d'autres montent. Dans la voiture, on respire mieux. Jeanne cale ses paquets plus confortablement et frôle du bout des doigts le crâne de Léo qui vient d'enfouir son visage dans la jupe de sa mère. Autour d'elles, un silence médusé s'est installé, bientôt hérissé de sursauts effarés, d'exclamations dont Jeanne, plongée dans ses pensées, ne cherche pas à découvrir l'origine.

À côté, pourtant, une grosse femme aux joues rebondies a le visage chaviré.

Mon pauvre ami, lance-t-elle soudain.

Mon pauvre ami, comme vous devez souffrir.

Jeanne se retourne. Et il est là.

C'est la première fois qu'elle en voit un. Un soldat de cette espèce-là. Sans masque, sans barricade.

Un grand blessé de la face.

Aussi incroyable que cela puisse paraître, cet homme se présente ici, au milieu de la foule, dans l'immense crudité de sa blessure. Sa figure est nue.

Autour de lui les regards volettent, les têtes pivotent et se déroutent, les murmures mi-apitoyés mi-horrifiés se multiplient, s'élèvent en une gerbe de poussière électrique.

Le blessé se tient droit, pourtant, face à la vitre où son regard se perd, évitant son propre reflet et ceux des autres voyageurs.

La structure entière de son visage est détruite. Le nez à la base élargie s'accote sur un œil fixe qui dégringole vers la joue. La bouche, mangée de l'intérieur, semble encore résonner de torgnoles prodigieuses. Le menton est boursouflé de froissures d'une sinistre couleur cireuse.

Mon pauvre ami, répète stupidement la grosse femme. Sa voix retentit à travers la voiture, couvrant le vrombissement des machines. Mon *pauvre* ami.

Et elle s'approche du soldat, lui tapote solennellement l'épaule.

Jeanne, à ce spectacle bien plus encore qu'à celui de la figure informe, est emplie d'épouvante.

Tandis que Léo se presse plus fort contre sa cuisse, elle

sent la crispation de l'homme enfler au-dedans de sa propre chair et elle lâche un carton de fleurs qui s'abat sans bruit à ses pieds.

C'est comme si c'était Jeanne que l'autre venait de toucher.

Elle voudrait crier mais aucun son, aucun mot ne lui vient. Elle voudrait n'avoir jamais rien vu de cela, ni le soldat, ni la matrone à la voix et au bras éplorés, ni ces visages qui surgissent autour d'elle, figures intactes dont les sourires attristés sont autant de grimaces monstrueuses.

Dans ce brouillard, une femme, à côté d'elle, s'est penchée pour se mettre à la hauteur des deux jeunes garçons qui l'accompagnent. Ils n'avaient rien remarqué, ces innocents, aussi les avertit-elle en désignant du menton le soldat. Qu'ils regardent. Qu'ils ne ratent rien. Que la douloureuse malchance de l'infirme élève leur âme de futurs patriotes.

Le métro freine, ralentit. Les portes s'écartent, le blessé se jette au-dehors, comme s'il échappait à tous en tombant dans le vide. Et lorsque la rame s'ébranle, chacun peut constater que le jeune amputé du bras a quitté lui aussi sa banquette.

Autour de Jeanne et de Léo, le soulagement est palpable. On échange des regards, des paroles de connivence.

Des infirmes, des mutilés, on en a vu, et par dizaines. Mais celui-là, avouez, c'est quelque chose. Ah oui. Sans prothèse. Sans fausse joue, sans faux nez ni fausse moustache couvrante. Sans œil de verre. Sans foulard, sans bandage.

Alors que Léo relâche son étreinte et s'accroupit pour récupérer le carton de renoncules de sa mère, la grosse femme l'interpelle en haussant la voix. Et dès les premiers mots, chacun comprend que c'est à l'ensemble du wagon qu'elle s'adresse.

Tu l'as vu, ce pauvre soldat, tu as vu sa bobine affreuse, eh bien si les braves s'écroulent à toute heure du jour et saignent et meurent dans la boue, eh bien ma fille c'est pour *toi* – ici, la femme s'échauffe en la désignant du doigt, se tourne vers les deux garçonnets et leur mère – c'est pour *vous* aussi, mes petits. Les Poilus souffrent pour que, plus tard, vous n'ayez pas à vivre cette souffrance. C'est ça ! C'est pour sauver les enfants que les oncles et les papas meurent. Réfléchissez, réfléchissez bien à ça. C'est pour vous.

# 16

Lorsque Jeanne et Léo sont de retour rue de la Lune ce premier jeudi de novembre 1918, elles sont glacées, désorientées et trempées par la pluie qui s'est mise à tomber aussitôt qu'elles sont sorties du métro. Jeanne est tellement soulagée de se retrouver enfin chez elle que plusieurs secondes s'écoulent avant qu'elle ne s'aperçoive du changement.

Elle ferme la porte, dépose ses paquets sur le bahut, souffle et s'ébroue. La pièce est plongée dans l'obscurité, et cela n'a rien de surprenant. Toussaint passe la plupart de son temps à dormir ou à faire semblant et il sait qu'il est préférable d'économiser le pétrole de la lampe.

Mais cette fois, ça n'est pas la même chose, pas la même ombre, pas le même silence.

Toussaint s'est volatilisé.

Léo a beau fouiller le débarras, regarder derrière et dedans et sous le lit, l'homme au bandeau est invisible. Sa grande capote, sa casquette aussi. Elle lorgne sa mère occupée à régler la lampe puis se poste devant la photo accrochée au mur. Ses cheveux dégouttent une eau froide sur les épaules de sa pèlerine.

Il est là. Son vrai père, celui qu'elle côtoie depuis si longtemps, celui à qui elle raconte des histoires au même titre qu'elle adresse l'intarissable litanie de son gazouillis à ses pétales préférés. Ce soldat qui, sous sa main d'enfant posée, se niche entièrement, disparaissant et réapparaissant au gré de sa volonté. Celui-là.

Et sur le mur il est toujours fidèle, aussi silencieux que l'homme au bandeau mais d'un commerce infiniment plus doux.

Le poêle est à peine tiède, la température de la pièce a considérablement chuté. Il ne reste plus tout à fait assez de charbon pour le ranimer et Jeanne manque aussi de courage. Alors elle frictionne rapidement la tête de sa fille avec une vieille serviette, la débarrasse de ses vêtements humides et la glisse sous son édredon. La peau rousse du renard tiendra lieu de chaufferette.

Depuis le lit, frissonnante, les yeux fixés sur le portrait, Léo annonce, il est parti.

Il est parti, l'autre papa.

Jeanne ne sait pas. Ni quoi dire ni quoi penser. Elle se sent meurtrie. L'absence de Toussaint, inattendue, embrouillée par l'apparition de l'homme du métro, amplifiée par l'obscurité et le froid auxquels elles se sont trouvées confrontées en entrant dans la pièce, la remplit d'un sentiment confus de trahison. Depuis dix jours qu'il se tient là, immobile, dérangeant, elle a tant souhaité qu'il sorte et se confronte vaillamment au monde. Elle l'a voulu de toutes ses forces. Au point, parfois, de sentir un grouillement de colère parcourir ses bras. Au point de devoir se retenir de le secouer, de le pousser au-dehors.

Elle sait aussi, s'efforce au moins de l'imaginer, combien il a souffert là-bas. À la guerre et à l'hôpital. C'est sans doute injuste de lui en vouloir aujourd'hui, mais elle ne peut contenir la montée, du nombril à l'arrière de sa langue, d'une intense vague de rancœur.

Qu'avait-il besoin de partir en cachette ? Dans son dos ? De s'enfuir sous la pluie en laissant la pièce envahie d'une noirceur, d'une froidure ennemies ?

Sur la table, elle cherche un message, un papier plié en deux, un coin de journal sur lequel il aurait écrit un mot, une réponse préparée, tenue depuis des jours dans une poche ou recroquevillée dans un poing.

Un mot pour dire où il va et quand il a prévu de revenir.

Dire s'il escompte, simplement, lui revenir un jour. Puisqu'il habite là, maintenant. Puisqu'il est guéri, réparé.

Jeanne cherche un mot qui aurait pris soin d'elle.

Mais la table de travail, débarrassée de ses renoncules, en attente du prochain matériel à monter, est muette. Boules, pinces, coussin de son, caoutchouc, gomme, fils de soie et coton attendent bien sagement dans la caissette en bois, à côté de la chaufferette froide.

Dans le débarras, elle ne découvre que le havresac et quelques vêtements de son mari, suspendus et glacés.

Toussaint n'a pas écrit de message.

Elle déchiquette nerveusement une portion de la miche de pain noir qu'elle a rapportée. Il reste un morceau de pâté. Une carotte pas trop belle. Ça suffira pour leur dîner.

Son nez la démange au-dedans, sa mâchoire inférieure s'avance, la pointe de sa langue ripe sur la base des dents. Elle rage, elle est presque à pleurer et rage plus encore d'être presque à pleurer. Pleurer pour lui. Pour être sans lui.

Toussaint. Toussaint. Comme si le nom avait changé. Avait menti.

Une assiette ébréchée à la main, elle se glisse aux côtés de Léo dans le lit et redécouvre, sans savoir en profiter vraiment, la chaleur de l'enfant qui, comme si rien ne s'était passé, revient aussitôt se lover contre elle. Avec une étonnante évidence elles se trouvent de nouveau unies, imbriquées, et Jeanne se souvient du retour de Toussaint, lorsqu'elle s'était saisie de sa fille et l'avait présentée à son père de chair et d'os. Elle se sentait plus solide, plus entière, plus *Jeanne* en vérité, avec Léo contre elle.

Ce soir, elle ne sait plus. Qui elle est. Ce qui manque. Où est censé commencer et s'arrêter son corps.

Avec lenteur, elles avalent dans le lit de petites bouchées de pain dont certaines sont beurrées de pâté vaguement rance. À la surprise inquiète de sa fille, les miettes qui s'abattent sur les draps laissent Jeanne indifférente.

Alors, pour la distraire, Léo tortille cocassement la carotte ramollie, la transformant en une poupée à la voix nasillarde et à l'unique cheveu dressé. Lorsqu'elle s'endort enfin, serrant contre elle sa poupée, le trognon de carotte et la peau piquée de miettes du renard, Jeanne s'extirpe de la tiédeur des draps.

Ses cheveux dénoués lui tombent au milieu du dos. Simplement vêtue de sa longue chemise, d'un gilet et de bas de laine, elle sort et trotte furtivement jusque chez Sidonie. Elle doit lui remettre le paquet confié par la mère Aymard, huit douzaines de tabliers prêts à être assemblés. Lui demander comment elle va. Voir simplement la tête qu'elle a.

Sur le palier, la température est glaciale.

Un peu de lumière filtre sous la porte, ainsi qu'un magma de bruits assourdis, des voix, un rire ou une chanson étrange. Jeanne frappe doucement selon leur code habituel, trois coups secs et puis un dernier, mais rien ne se produit qu'un lent affaiblissement du volume sonore, sans jamais que Sidonie, même à la troisième tentative, ne daigne s'interrompre, encore moins s'approcher.

Pour finir, le paquet, enroulé de tissu, est lâché dans un soupir sur le seuil.

En face, la mère Birot semble chez elle. Sous sa porte, là aussi le rai de lumière.

Mais Jeanne, malgré son désir de confier son désarroi, retourne en courant se jeter dans son lit.

La nuit est courte.

Aux premières heures du matin, quelques minutes avant que le réveil ne sonne, Jeanne ouvre les paupières. Une horde de miettes aiguisées lui mordille l'épaule. Elle se sent lourde. Elle n'a jamais compris pourquoi l'aube, la plupart du temps, la trouve plus lasse encore qu'au coucher. Comme si, sur elle, le sommeil et les heures tranquilles glissaient, ne réparaient rien. Elle s'étire, son dos a cent ans. Dans le creux de son bras, Léo remue la tête.

L'odeur est de fumée, de pain brûlé. Le crochet fourrage dans le poêle. Jeanne devine sans la voir la poussière du charbon, anticipe la vague de chaleur du début, quand le poêle vient d'être allumé, cette aura lumineuse qui ne chauffe pas encore, mais vibre seulement.

Il est là.

Il a rapporté des choses. Du gras. Du grillé. Du mouillé. Des bouteilles qui, contre le mur, sur le carrelage, grelottent s'il passe trop près.

Elle referme les yeux et elle sait que Léo, une seconde avant elle, a refermé les siens.

## 17

Il est trois heures de l'après-midi et Toussaint, chaussé de ses vieux godillots de cuir, en capote et casquette de drap, vient de refermer la porte.

Il descend l'escalier. Il part. Il part encore.

À Jeanne, assise devant un nouveau chantier de pavots, il a adressé au moment de sortir un signe de la tête. Un bref hochement mêlé, bien qu'après coup Jeanne n'en soit plus aussi certaine, d'un grognement léger.

Si un bandeau blanc dissimule toujours son visage, Jeanne, levant les yeux vers lui, a constaté qu'il en avait discrètement changé. Celui qu'il porte à cette heure est immaculé. Lorsque au matin elle s'est réveillée, elle a vu qu'il s'était taché. Là, précisément, au coin de la bouche. De la suie et du vin. Ou alors du sang.

Là où la veille il était allé, Toussaint avait déniché un boisseau de charbon de terre, du lait, deux litres de cidre et de la charcuterie. Il avait rallumé le feu dans le poêle. Fait rissoler de fines tranches de lard dans le poêlon.

Peut-être était-ce pour l'amadouer. Malgré la faim qui l'avait envahie aussitôt que l'odeur grasse s'était répandue dans la pièce, Jeanne s'était efforcée de garder son appétit secret.

Elle n'avait rien donné qu'une moue boudeuse. Des bâillements appuyés. D'interminables baisers dans le cou et la broussaille des cheveux de Léo pour y cacher son visage, pour ne pas avoir à le regarder, lui, debout près du poêle, retournant d'épaisses tranches de pain, piquant le lard du bout d'une fourchette.

Plus tard, de retour de l'école maternelle, seule, elle a ralenti le pas malgré le temps humide. Elle a eu peur de rentrer. Peur d'ouvrir la porte sur une pièce désertée. Peur aussi qu'il soit toujours là, avec son lard et son pain brûlés. Agacée de ne toujours pas savoir comment réagir, de s'être laissé entraîner dans cette habitude de silence. Toussaint, avec violence, la force à se taire elle aussi.

Elle a fini pourtant par monter les étages.

Et il était là. Étendu au milieu du lit, endormi, son bandeau plus tout à fait blanc chassé de côté mais pas suffisamment pour dévoiler, même en y regardant de plus près, un soupçon de sa peau cachée. Il ronflait, mais plus comme avant. L'air, dans ses sinus, était empêché, se vrillait.

Elle a grignoté debout le lard et le pain en le guettant du coin de l'œil. Sa capote encore humide gisait sur le sol, près du bahut. En passant, avec colère elle l'a poussée du pied.

Et maintenant, il vient de sortir.

Il ne se cache plus d'elle, mais ne dit où il va.

Il est parti.

Jeanne remonte une natte tombée, replace un peigne et puis s'habille précipitamment, serre un foulard autour de son cou. Descend les marches sur la pointe des pieds.

Dans la rue, elle se lance à sa poursuite, se concentrant pour adopter le juste pas, conserver la bonne distance. Il faut garder Toussaint en vue sans se faire repérer.

Avant la guerre, il est arrivé bien souvent qu'elle le file, toujours de cette curieuse manière, jetée derrière lui, irrésistiblement. Et pas seulement ce matin-là, quand, médusée, bouleversée, elle l'avait vu s'effondrer en sanglots contre un mur, juste après la mort de Bella. Il y avait eu tant d'autres fois.

Elle aimait simplement le regarder sans qu'il sache. Ne se lassait pas de le regarder.

Lorsque Toussaint n'était pas avec elle, tout au moins à des lieues de s'imaginer qu'elle pût se trouver là, à ce coin de rue, derrière ces arcades, elle le dévorait des yeux en secret, jouissant de sa silhouette à distance. Alors, il était un autre homme, un autre homme dans un autre corps, à la voix, à la démarche, à la texture inconnues. Jeanne désirait son mari autant que l'autre Toussaint, qui se déplaçait, neuf, libéré de son poids à elle.

Comme si, depuis le début, en Toussaint ils étaient deux, bien distincts. Et tous deux objets de sa convoitise.

Elle le suit au long de la rue Beauregard, puis il tourne et elle tourne à droite, en direction du boulevard Poissonnière. Et c'est en marchant derrière lui, à vingt pas, qu'elle prend la vraie mesure du temps qui a passé. Des événements que l'un et l'autre ont traversés, chacun à sa mesure. Car Toussaint, devant elle, n'est plus le Toussaint d'autrefois.

Elle le savait, bien sûr qu'elle le savait, depuis tous ces jours silencieux et opaques, mais naïvement n'avait pu s'empêcher d'imaginer qu'au-dehors, sans elle, il redeviendrait celui qu'il était encore en juillet 1914, traversant Paris d'un bon pas, hélant ici et là ceux qui le connaissaient, l'œil vif et le visage ouvert. Et se faufilant derrière lui, elle est frappée soudain par cette image qui lui est venue. Le visage ouvert.

Sur le trottoir, Toussaint progresse la tête basse, le buste à demi déporté en avant. Il a relevé son col. Son allure est lente.

Elle se le disait chaque fois. Avant, quand il marchait, c'était vraiment lui qui marchait. Il était là, impatient, immensément présent. Et voilà maintenant qu'il a perdu son pas, avance avec précaution, posant un godillot devant l'autre comme si quelque chose était abîmé, peut-être la plante de ses pieds, peut-être l'ensemble du squelette et de la chair qui y sont arrimés. Ou encore, et elle y songe étrangement, comme si c'était la matière même du trottoir, plus fragile qu'une peau, qu'il fallait ménager.

Jeanne ne l'a pas vu se mouvoir depuis si longtemps. Chez eux, il ne fait que trois enjambées, il n'a pas d'élan, ne va jamais nulle part. Il est toujours trop près.

Ses épaules. Elle ne retrouve pas non plus ses épaules. Comment a-t-elle pu le trouver grandi, le soir de son retour? Il est rétréci, au contraire.

Quoi qu'il en soit, elle suit.

Et puis soudain, ce qu'elle craignait sans se l'avouer se produit.

Au coin de la rue Saint-Fiacre, un groupe de personnes attend pour traverser. En retrait, Jeanne ne leur prête guère attention jusqu'au moment où, subitement, le pas de Toussaint se fait cahotant. Alertée, elle lève le nez, agrandit son champ de vision. Ces gens apostrophent son mari. Au vacarme qu'ils font, les yeux alentour convergent dans leur direction puis s'arrêtent sur la tache immaculée du bandeau.

La scène du métro se répète comme, cent fois par jour, elle doit se répéter pour chacun des blessés de cette sorte qui s'aventure au-dehors. Mais ni Jeanne ni même Toussaint n'y sont préparés.

Après un instant de piétinement semblable à celui d'un cheval effarouché, Toussaint a pressé l'allure, s'est enfui. Jeanne, à sa suite, remonte à la hauteur des badauds, attrape à la volée quelques mots.

Quel courage. Cet homme. Mon Dieu quel courage.

Et elle sent que si elle ralentit son pas, semblant offrir un flanc, une oreille conciliante, on la prendra à témoin, sans savoir. On ressuscitera les envolées du maire, fouillera les plaies, soulèvera les croûtes. Réveillera le sang. Elle en recevra les éclaboussures jusque sur la figure, dans le cou. Elle n'aura plus d'air à respirer, d'abri où se glisser, tranquille.

Elle sera brûlée elle aussi. Par ricochet.

Elle accélère, les mains serrées contre sa poitrine, se met presque à courir. Ses chaussures compriment douloureusement ses chevilles.

Ouvrant l'espace d'un tunnel d'encre, la silhouette sombre de Toussaint s'éloigne devant elle.

Que lui veulent-ils ? Que lui ont-ils fait ?

Elle voudrait le rattraper, maintenant, se jeter dans son dos, l'entourer de ses bras, enfouir sa bouche et ses dents dans la laine de sa capote, cogner l'os de son menton contre sa cage thoracique, elle voudrait l'arrêter, le prendre, ils se jetteraient contre un mur, là, les deux, chavirés, loin des gens. Il lui semble qu'enfin, dans l'étreinte et la disparition subites, ils parviendraient à se retrouver.

Elle court. Elle sent qu'elle va tomber au beau milieu du boulevard, ses muscles sont si contractés qu'elle est sur le point de fléchir. Toussaint va se retourner et la trouver là, roulée sur le dos, éclatée comme un gros fruit blet, les jambes ouvertes sous sa lourde jupe, attirant l'attention de tous, sur elle, sur elle et puis sur lui.

Mais Toussaint vient de disparaître.

Jeanne a jeté un œil vers le tramway qui, s'avançant, forme sur la voie opposée une masse mouvante et sombre, voilà qu'elle l'a perdu. Le boulevard, sans lui, est désert. Elle titube une seconde sur le trottoir. Ses yeux sont d'une femme ivre. Dans sa bouche, un goût de pourri.

Il est là, pourtant, derrière la vitre du café, au fond, debout, les pieds dans la sciure. Basculé parmi Tous les hommes.

Il lui tourne le dos et Jeanne, essoufflée, l'observe à travers la grille barbouillée de noir, la vitre grêlée par les pluies récentes et la fumée qui envahit la salle bondée. Il n'est pas seul. Deux hommes sont avec lui, qui sourient de le voir, hochent la tête avec animation.

Elle repère, fusant de toutes parts vers lui, les coups d'œil appuyés auxquels elle est à présent attentive. Mais lorsqu'elle détaille les deux inconnus qui, à sa surprise, ont familièrement posé une main sur chaque épaule du nouvel arrivant, elle devine où et pourquoi ils se sont rencontrés, se sont donné rendez-vous dans ce café du boulevard Poissonnière, juste après le *Parisiana*.

Ils semblent avoir plus ou moins le même âge, bien qu'il soit difficile, à leur visage, de le déterminer. Ils sont heureux de se voir. Ils sont frères de sang. Ils sont trois gueules cassées.

Jeanne ne peut vérifier si Toussaint, de dos, leur parle vraiment, à ceux-là, mais ses épaules tressautent, ses mains s'élèvent et volent dans la lumière jaune, accompagnant, qui sait, le flot de paroles trop longtemps contenues. Les deux hommes, fendus de dents et de cils clignotants, de grimaces, pincent Jeanne à la gorge.

Et quand le plus abîmé croise soudain de loin son regard, elle baisse la tête, comme si on l'avait giflée.

Toussaint va se retourner et la voir, elle en est sûre. Il se dira qu'elle le surveille et, pour la première fois, ça ne sera pas très éloigné d'être la vérité.

Mais derrière la vitre, au fond, on s'est déjà désintéressé d'elle. La conversation a repris. Des regards de cette espèce, mélangés d'épouvante et de fascination, ce malheureux doit en supporter si souvent. L'œil de Jeanne, finalement, n'est pas si différent des autres.

Les trois hommes prennent place à une table et, pendant un temps infini que Jeanne passe à imaginer s'éloigner sans guère y parvenir, ils devisent, jouent aux dominos en avalant de petits verres de liqueur.

Elle a fini par traverser le boulevard pour se poster en face, à l'abri. Peu à peu saisie par le froid, elle se sent mal à l'aise. Elle ne sait plus ce qu'elle est venue chercher là, ni quoi penser de ce qu'elle semble y avoir trouvé. Et ce n'est pas une autre femme qui la provoque, cette jalousie qui la prend là, à l'estomac, mais deux soldats défigurés, deux pauvres bougres à peine regardables.

Le jour tombe.

Jeanne bat la semelle sur le trottoir. Se remémorant le récit du père Caillet, elle s'efforce de visualiser la salle commune dans laquelle les trois soldats se sont côtoyés pendant des mois, peut-être pendant l'intégralité de ceux que Toussaint a passés là-bas, entre les murs du Val-de-Grâce. Ce qu'ils y ont vécu ensemble, de douleur, d'espoir, de fatigue et d'horreur ne lui appartiendra pas, ne lui sera même jamais accessible. Et Jeanne vient seulement d'en prendre conscience.

Elle a beau inventer une convaincante succession de lits en fer peuplés de visages sanglants et bandés, les silhouettes blanches des infirmières, la barbiche et l'embonpoint d'un chirurgien pressé, elle sait qu'elle est à mille lieues de la vérité. Même si, d'un coup, Toussaint se mettait à parler, à lui raconter nuit et jour ce qui s'est passé, dans les tranchées comme à l'hôpital, ce qu'il a vu, ce qu'on lui a fait et comment il l'a vécu, cet espace lui échappera toujours. Un pan entier de la vie de cet homme est destiné à rester noir. Absolument imperméable.

Elle pose les mains sur sa figure, aspire à travers ses doigts l'odeur humide du froid de Paris mêlée à la sienne. Elle se demande si toutes les femmes de combattants en sont là, aujourd'hui. À respirer leur peau en guettant un mari remplacé par un inconnu. Si son sort est particulier, pire que celui des autres. Ou bien si elle devrait s'estimer heureuse qu'il en soit revenu, Toussaint, même avec la figure invisible.

Ce que ces hommes ont traversé de commun, ce qu'ils vivent encore aujourd'hui et l'avenir qui pour eux se dessine, tout cela abandonne le reste du monde sur le bas-côté.

Ils n'étaient qu'un seul corps, pourtant, les deux, et la voilà maintenant dehors. Jeanne et Toussaint. Toussaint et Jeanne.

Ils étaient trois. Toussaint et Jeanne et Bella. Toussaint et Jeanne et Léonie.

La blessure a pris toute la place.

# 18

On dit que la grippe espagnole finira par faucher la jeunesse.

On dit que nos chimistes ont trouvé des moyens effroyables pour en finir avec les Boches.

On dit que place du Panthéon on fait pousser des haricots, des carottes.

On dit le pain tellement acide qu'il fait surir le bouillon dans lequel on le trempe.

On dit qu'après la semaine anglaise, les ouvriers seront capables de demander la journée de huit heures.

On dit que les munitionnettes ont gagné des fortunes en usine.

On dit que si ça continue, le kilo de bifteck dépassera les sept francs.

On dit qu'il ne s'arrêtera jamais de pleuvoir.

On dit qu'ils ont jeté du haut des avions des bonbons farcis au typhus et au choléra.

On dit que jamais on aura dans le cœur assez de haine pour eux.

On dit que bien des femmes ont trouvé réconfort dans d'autres bras que ceux de leur mari soldat.

On dit que les pommes de terre, bientôt, auront disparu.

## 19

Jeanne a fini par céder. Sur le trottoir d'en face, ses yeux lâchent le halo du *Parisiana* et le lointain rectangle jaune où Toussaint semblait revenir à une autre vie.

Elle quitte le boulevard. Elle va chercher Léo.

À l'école maternelle, la petite l'attend sous le préau, assise sur un banc, le buste mou, le béret de travers, un bout de ruban dénoué pendouillant sur l'épaule. Elle contemple Jeanne traverser la cour sans se lever ni courir vers elle, le visage renfrogné, battant l'air de ses mollets frêles sous une robe trop longue. Elle est la dernière dans le préau désert et gris. Pour la deuxième fois de la semaine, sa mère vient en retard.

La grosse veuve Masson, chargée d'accueillir et de libérer les élèves, nettoie la cour avec indolence mais lâche pelle et balai aussitôt qu'elle aperçoit Jeanne. À mi-chemin elle l'assaille déjà de reproches, se muant en une bête féroce aux yeux roulants.

Mais Jeanne n'a pas la tête à ça. Envahie d'une bruine opaque, elle n'a la tête à rien. Les vociférations de la veuve coulent sur elle comme de l'eau. Et lorsqu'en assaut final un paquet de papier journal mal ficelé vient rebondir contre sa poitrine, c'est tout juste si s'abaissent ses paupières. Elle esquisse un sourire qui se voudrait modeste, hoche la tête, attrape sa fille par la main et s'enfuit sans mot dire.

Léo a encore souillé sa robe.

Elles rentrent à travers les rues assombries. Léo, mal décrottée, affamée et chouineuse, trottine derrière sa mère qui se retient de laisser tomber le ballot malodorant dans le caniveau.

Jeanne est si lasse.

Dans ce quartier ou avant la guerre, à Belleville, il lui est souvent arrivé de passer devant une école maternelle. Elle poussait alors Bella ou Léonie bébé dans une voiture d'enfant, les portait calées sur la hanche et, avec envie, s'arrêtait pour observer les mères entourées de marmots comme des reines d'abeilles. À l'épicerie-buvette, certaines achetaient une poignée de pastilles de menthe ou de chocolat qu'avec leur progéniture elles partageaient sur le trottoir. Et Jeanne, à ce spectacle, anticipait le plaisir qu'elle trouverait à se couler dans ces mêmes mouvements dès que sa fille aurait l'âge.

Elle s'imaginait dans la rue, suçotant des berlingots avec Bella. Elle la tiendrait par la main.

Léo aurait reçu un bon point.

Bella aurait de jolies boucles autour d'un profil grave.

Léo lui raconterait en pépiant mille historiettes de l'école.

Bella porterait un tablier neuf en satinette noire.

Mais rien ne s'est passé comme prévu. Bella n'a pas eu le temps d'aller à la maternelle et Léo, cette deuxième année, n'aime pas du tout sa nouvelle maîtresse. Ce qu'elle en dit n'est ni gentil ni amusant. Plutôt vaguement inquiétant. Et Jeanne n'a pas toujours l'énergie de trouver des arguments qui rassurent ou qui calment. Parfois, elle ignore même comment faire face. Elle voudrait se boucher les oreilles.

Quant aux friandises, avec la pénurie de sucre et la hausse des prix, voilà bien longtemps qu'elles sont hors de portée.

L'école. À peine Jeanne se réjouit-elle de savoir que Léo y est nourrie gratuitement à l'heure du déjeuner.

Elle se sent flouée. On lui a menti, elle n'a rien compris. Ni elle ni ses filles n'ont pu saisir leur chance.

Les épaules remontées pour se protéger du froid et du reste, elle songe à ce qu'avant la guerre elle croyait savoir de la vie. Non pas qu'elle ait jamais été facile, la vie, mais Jeanne aimerait ne plus penser qu'en ce temps-là Sidonie avait encore un fils. Qu'en ce temps-là, Toussaint avait des phrases plein la bouche et les bras autour d'elle.

Avant la guerre. Après la guerre. Elle en a assez de dire, de penser cet avant, cet après. Ils lui mangent tout l'élan.

Lorsque la mère et la fille parviennent au quatrième étage et ouvrent la porte, Toussaint n'est pas encore rentré. Ça ne surprend ni l'une ni l'autre.

Jeanne allume la lampe. La pièce est en désordre, le pot de chambre déborde, un bourgeron à rapiécer traîne sur le dossier du fauteuil et une terre de pain brûlé brunit le carrelage aux alentours du poêle. Deux douzaines de pavots d'un rose laiteux finissent de sécher sur un fil tendu dans l'angle du mur tandis que quelques autres, à demi assemblés, s'amoncellent autour de la chaufferette.

Elle soupire. Elle a encore perdu des heures d'ouvrage.

Il va falloir aller chercher de l'eau, improviser une sommaire soupe au pain.

Il va falloir débarbouiller l'enfant, laver la robe souillée pour pouvoir rendre à l'école, dès le lendemain, celle qu'on a prêtée à Léo et qui pend misérablement sur sa carcasse mince.

Il va falloir monter des pavots jusqu'à l'aube.

Armée de son broc, Jeanne commence par sortir sur le palier et aller frapper à la porte de Sidonie. Comme elle le prévoyait, celle-ci ne répond pas. Alors, sans attendre, impatiente, elle s'engage bruyamment dans l'escalier, descend deux des étages qu'elle vient péniblement de gravir et échange un mot au passage avec une locataire. Celle-ci a eu vent de l'histoire, elle sait pour la face arrachée et lance, soudain, au dos de Jeanne qui s'éloigne, une phrase qu'il lui sera difficile d'oublier.

Elle serre les dents, ferme les yeux et poursuit à travers une incroyable odeur de chou cuit son chemin vers la pompe à eau.

Le plus bel amour est celui qu'on se fabrique avec de la pitié. Voilà ce que les autres disent, ce qu'ils pensent peut-être. Elle n'y arrivera pas.

Et elle n'a rien senti venir. Elle se croyait seulement fatiguée.

Mais Léo, debout contre le lit défait, la fixe à présent sans cesser de cligner des paupières. Ses cils sont partagés en aigrettes luisantes. Ses yeux noirs, tour à tour agrandis, avalés, sont cerclés d'un marais de cuivre. Un filet rosâtre s'écoule d'une de ses narines. Le reste de sa figure est gonflé. Et l'air prisonnier s'échappe d'elle en courtes bouffées sonores.

Tout vient de chavirer.

Au moment où sa mère remonte avec le broc rempli d'une eau glacée, Léo est déjà à quatre pattes sur le carrelage, marmonnant à voix basse, l'intégralité de sa collection de pétales et de plumes répandue autour d'elle.

Jeanne ferme la porte, commence à verser l'eau dans la cuvette, règle la lampe, s'effondre sur le fauteuil et délace ses chaussures trop serrées. Et c'est là, levant le nez, qu'elle s'en aperçoit.

À l'instant suspendue sur un fil au-dessus de sa table, près de la moitié des pavots mis au séchage, la tête en bas, a disparu.

Jeanne bondit et bascule aussitôt dans un tournoiement de

fureur, sans vouloir, sans penser, mais éclatant autour d'elle-même en milliers de particules enragées. Léo est arrachée du sol. Le coup part, suivi d'un, de deux, de trois autres. Elle ne sait plus. Elle ne compte pas. Rien ne compte.

L'une et l'autre sont mâchées par la colère de Jeanne.

La petite n'a pas le droit de toucher à ce qui se trouve sur la table, et par-dessus tout aux fleurs lorsqu'elles sont terminées, qu'elles soient mises au séchage ou déjà allongées dans les boîtes. Elle doit respecter le travail de sa mère. Elle le sait.

Jeanne rugit.

Elle n'en peut plus de cette vie-là. Depuis des mois, elle a l'impression qu'on la tire vers le fond. Léo est une sale fille, un horrible bébé, une voleuse qui lui gâche la vie, est-ce qu'elle ne voit pas que sa mère s'arrache les yeux et le dos et les doigts à l'ouvrage nuit et jour, que son père n'a plus de figure, que tout le pays souffre pendant qu'elle, elle s'amuse à voler des pavots ? Est-ce qu'elle ne voit rien, Léo ? Et puis elle sent si mauvais, à son âge, elle est laide et affreuse et sent foutrement mauvais et Jeanne n'en peut plus.

Mais elle a beau s'acharner, menacer, supplier ensuite à longs cris, la petite se recroqueville. Elle ne dit rien des fleurs, de ce qu'elle en a fait, de l'endroit où elle a pu les fourrer.

Et Léo se mélange au Toussaint silencieux.

Les hurlements ont cessé. Jeanne s'est jetée sur le lit, de travers, et abandonne dans l'édredon les spasmes de sa colère. Assise à la lisière du débarras, comme tombée, Léo reste assise sans la regarder, sans rien regarder. Sa langue, par intermittence, se faufile jusqu'au nez encore suintant de morve. Son tablier à carreaux et sa robe sont mouillés, froids. À ses pieds s'étend la large flaque de l'eau que Jeanne a flanquée sur elle.

C'est comme après une bataille que toutes deux elles auraient perdue.

Plus tard, Jeanne a beau réfléchir calmement, tout retourner, compter, recompter les pièces dans les boîtes et sur sa fiche de commande, elle ne trouve rien.

Il lui manque pourtant neuf pavots roses de la largeur d'une paume et doux comme un baiser.

# 20

Lorsque au petit jour Jeanne s'apprête à descendre pour le lait, la mère Birot jaillit sur le palier. À croire qu'elle l'épiait.

La vieille femme s'inquiète. Voilà trois jours, dit-elle, que Sidonie n'a donné signe de vie qu'un paquet de tabliers abandonné devant une porte. Ça n'est pas normal. Elle ne fréquente pas les latrines communes, ne sort pas son seau hygiénique. Elle ne va plus aux provisions. La concierge en bas l'a confirmé, elle ne passe plus devant sa loge. À croire qu'elle s'est évaporée dans l'air.

Et pourtant il n'y a pas de doute. Elle est là, Sidonie. À l'autre bout du palier, la mère Birot assure l'entendre parler à travers la cloison.

Oui, parler. On ne sait pas à qui, mais elle parle.

Que Jeanne se rapproche, elle l'entendra aussi.

Serrées, elles se pressent à la porte de la lingère, tendant l'oreille. Sous le menton curieux de Jeanne est venue se caler l'épaule fibreuse de la vieille femme, dans l'odeur sure de son linge, épaisse comme une chair.

Elles guettent.

Mais nulle lumière ne filtre au ras du carreau, nul bourdon de machine à coudre ou de mouvements domestiques ne transperce le panneau de bois.

Il est encore très tôt. Sidonie doit être endormie.

Jeanne proteste et mâchonne sa lèvre, elle se sent coupable.

Et si l'autre était restée sur sa chaise, comme une bête assommée. Si elle n'avait plus rien à manger. Si elle était morte. Si la grippe espagnole, pour changer, l'avait prise en plus du chagrin.

Sidonie. Depuis la mairie et les larmes qui ont suivi, Jeanne, emportée par ses propres remous, l'a bien négligée.

Sidonie.

La veille au soir, quand Toussaint a fini par rentrer, Jeanne s'était déjà remise aux pavots. La nuit et la rage étaient tombées depuis longtemps.

Toussaint sentait le tabac et le fumet du dehors. Elle ne s'est pas mise assez près pour déterminer l'odeur de sa bouche, mais a deviné les goulées de vin fort. À mesure qu'il s'agitait dans la pièce, celle de ses joues qu'il offrait à la vue, rougie par le froid et l'alcool, a repris sa pâleur habituelle.

Il ne la regardait pas, elle a tâché d'en faire autant. Ne pas le voir était difficile, il attrapait l'œil. Elle n'a rien dit pourtant, et à force d'obstination est parvenue à le rendre quasiment invisible.

Elle n'avait laissé pour dîner qu'une tranche de pain grillé et la bordure grasse du pâté. Il a mangé debout, reniflant, lui tournant le dos. On le sentait lourd, lourd de lumières et lourd de rues. Lorsque assis sur le bord du lit il a délacé ses brodequins, Jeanne n'a pu s'empêcher de chercher, sur la bordure de la semelle, quelques grains de la sciure du café du boulevard Poissonnière. Mais ils n'y étaient plus.

Devant la table, le carrelage n'avait pas encore fini de sécher la grande flaque de sa colère. Léo, épuisée, somnolait dans son lit-cage.

Jeanne a détourné les yeux, a repris le travail des pétales.

La boule était noire et chaude. Accompagnant le mouvement de boulage avec son buste et le levier de sa respiration, elle a replacé l'extrémité du manche de l'outil entre deux côtes, au-dessus de son sein. Tous les automnes et les hivers, pendant la haute saison de la Fleur, nichait à cet endroit la rougeur douloureuse du geste mille et mille fois donné, lorsque au creux du coussin de son elle forait puissamment jusqu'à obtenir la cambrure délicate et parfaite des pétales, deux par deux.

Certaines choses allaient donc en couple, prenaient en s'épousant une semblable courbure. Certaines choses étaient roses et douces autour d'un cœur noir.

Puisqu'on n'entend rien depuis le palier, la mère Birot l'attire chez elle et, pour la première fois, Jeanne se glisse à l'intérieur de sa chambre. La vieille est sauvage. Personne ne pénètre son territoire. Si elle fait la conversation, c'est dans la cour, dans l'escalier ou au seuil de sa porte à peine entrouverte. On ne va guère plus loin.

En février 1917, il faisait si glacial que pendant deux semaines elles avaient dormi toutes les quatre, Jeanne et Léo et Sidonie et la vieille, rangées comme des cuillères dans le seul lit de la lingère, dans une même odeur âcre que le froid, s'il charriait de la glace sur la Seine, n'avait pas réussi à faire taire. Et à cette occasion comme à toutes les autres, la mère Birot avait accepté l'hospitalité de sa voisine sans, en retour, inviter quiconque ne serait-ce qu'à boire un verre de lait chez elle.

Mais aujourd'hui, si elle veut permettre à Jeanne d'écouter ce qui se trame au-delà des murs, il lui faudra bien se laisser envahir. Donner à voir son pauvre lit recouvert de dentelle, le portrait chéri de son père et, affalés tout autour du poêle, maladroitement dissimulés sous des carrés de toile, les tas d'oignons et de branchages qui vomissent alentour des rousseurs d'épluchures et de maigres rameaux encore verdis de sève.

Sidonie, selon toute vraisemblance, s'est retirée dans la

pièce du fond, celle où dormaient ses fils autrefois, celle que Jeanne n'a connue que comme étant la chambre d'Eugène. Cette pièce n'a pas de frontière commune avec son habitation à elle, ce qui explique qu'elle n'ait pas été alertée par le bruit.

De Sidonie ces jours derniers, finalement, elle ne sait rien.

Chez la mère Birot, elles collent leur joue sur la tapisserie, chacune à sa hauteur. Leurs yeux drus, grands ouverts, sont raidis du désir de comprendre. Et après une longue minute, prenant soudain tout le profond de leurs oreilles, un frisottis de voix vient trouer l'épaisseur de brique et de papier cuit.

On dirait que là-derrière, on chante. Le timbre est fragile, il dessine un cercle sans début et sans fin, vaguement familier, qui flotte à mi-chemin entre la complainte des églises et celle de Léo tournoyant entre les meubles avec sa poupée.

La voix de Sidonie, changée.

La mère Birot frappe du poing contre la cloison sans réussir à interrompre ni même à faire dévier d'un iota le long ruban du chant. On dirait qu'il y a des mots, accrochés à la mélopée, on dirait qu'ils coulent comme l'eau d'une fontaine.

La vieille dit que ça dure, ça dure, à la rendre folle de son côté de mur, même la nuit quand elle voudrait dormir. Dans l'obscurité, la chanson s'enfile sous les couvertures et vient lui lécher la figure avec sa langue froide. Ça n'est plus qu'elle s'agace, la mère Birot. Elle commence à en avoir peur.

Jeanne cogne, trois coups secs et puis un dernier sur la tapisserie couleur de moutarde et de cornichon, mais rien.

Enfin, quatre heures plus tard, alors que le matin tire vers l'après-midi, Jeanne entend Sidonie retournée dans la pièce du devant.

Toussaint dort de tout son long sur le lit, Léo est à l'école, la mère Birot à l'ouvroir.

Elles sont seules à l'étage.

Sur le palier, elle n'a pas toqué, elle n'a pas appelé. Elle s'est mise contre la porte tout entière, pas seulement l'oreille et la figure mais les deux paumes à plat, les seins le ventre et le bout ramassé des orteils. Le sang est venu en premier dans le bois, le battement de son propre corps et puis, en écho, là-devant, le balancement des pieds sur la machine à coudre.

Elle est là. À quelques mètres. Juste de l'autre côté.

Elle ne chante plus. Elle travaille seulement, en silence. Elle coud bien sage.

Jeanne murmure son nom à grosses et pesantes syllabes, elle gratte de l'ongle les épaisseurs de peinture jaune, trois griffures sèches et puis une dernière. Elle prend son temps.

Et soudain, aspirant dans son dos l'haleine froide de la pièce, Sidonie vient à elle et tourne le verrou.

On dirait qu'elle est bien contente de la voir, Sidonie, puisqu'elle se tient sur la pointe des pieds, et sourit en regardant Jeanne à la bouche.

Mais ça n'est pas vrai. Quelque chose, sur sa figure, sonne comme une note faussée.

Jeanne est embarrassée. Elle ajuste son châle sur son corsage, entre et ferme la porte, jette un œil alentour. La fenêtre est bien fermée, la porte du poêle est ouverte et le lit, sous ses vagues tordues de draps blancs, bée comme la gueule d'une bête. Il n'y a plus de ces tissus lancés aux quatre coins. Ce qu'il y a c'est quelque chose dans l'air, une odeur, une couleur tristes qui serrent le cœur.

Sidonie est en chemise. La masse tombée de ses cheveux noirs roule sur ses épaules et la peau de ses bras luit dans la semi-obscurité, partagée de zones rougeâtres, comme si elle s'était grattée, et d'autres intensément blanches, semblant poudrées de craie. Ses pieds nus, larges et gris, sont fichés sur le carreau rouge.

De toute son épaisseur chaude, Jeanne la prend contre

elle. Elle sent la panse et les mamelles lâchées de la lingère, sa chair de froidure, tandis qu'à son oreille, à son cou, elle livre le désordre des mots qui lui viennent.

Elle lui demande pardon. Elle dit qu'elle lui a manqué. Elle avait cru n'importe quoi, Jeanne, la peur avait enflé et cogné dans sa tête, tellement fort. Il ne fallait pas, non, plus jamais, que Sidonie reste derrière, au-delà de la porte fermée, toute cachée et seule et triste et sans feu, sans manger, sans boire, sans rien dire.

Sidonie acquiesce en hochant simplement la tête. Jeanne la garde et puis la regarde, maintenant tenue au bout de ses bras. C'est Eugène qui a coulé sur ces joues, en une suée malheureuse. Eugène et tous ceux qui l'ont laissée tomber, Sidonie, ravinant sa bonne viande encore fraîche. Doucement, Jeanne lui effleure la figure du bout de ses doigts chauds.

Puis elle l'assied, lui enfile un caraco, tire la couverture du lit jusqu'à elle, en couvre ses genoux, glisse ses phalanges habiles au long des cheveux pour les démêler, les natte grossièrement. Se reprend, soulève la chemise. Debout, elle dit, lève le pied, et elle lui remonte sur les jambes des bas trouvés sur le carrelage, tout cartonneux de sueurs anciennes.

Il faut lui faire de la chaleur. De la chaleur et du pain.

Et tandis que le poêle reprend son lent ronronnement, que l'eau tiédit dans la casserole, attendant qu'on y plonge ce qu'on voudra bien dénicher dans le vieux buffet ou ailleurs, Sidonie se dresse. Les lainages roulent au bas du fauteuil. Avec ses mains tendues, comme retrouvant une personne aimée elle se dirige vers la machine à laquelle l'arrivée de Jeanne l'a arrachée. Elle s'abat sur la chaise, flanque ses pattes usées sur la pédale de fonte. Sous le pied-de-biche et l'aiguille, un rectangle de cotonnade gris et bleu court bientôt de long en large.

Lorsque Jeanne s'approche, une longue cuillère à la main,

elle remarque d'abord les coutures échevelées, inhabituelles, le fil qui venant revenant bourdonne en paquets de frisures, puis note que déborde du tissu un matelassage de papier. Elle croit reconnaître la lisière d'une carte de charbon ou de lait. Sidonie marmotte dans son menton blanc et repousse d'un geste vif la main trop curieuse.

Maintenant, Jeanne ouvre la porte de la chambre, celle du fond. Elle ouvre grand et se recule, se tourne vers Sidonie, sollicitant la muette permission d'aller voir. À l'autre bout de la pièce, là-bas, brûle une chandelle inattendue.

Mais la lingère reste penchée sur son ouvrage et n'offre pour réponse qu'un dos biffé d'une tresse indolente.

Jeanne entre.

Il y a là deux lits, dont l'un laisse à nu le matelas mince et marqué de pissures. L'autre a gardé son édredon, son traversin, son coussin bordé d'un volant, à peine délavé. Une casquette d'homme est posée au milieu. Contre le mur, flanquant la fenêtre aux rideaux à demi tirés, une table de toilette aux pieds grêles, habillée d'un napperon, supporte la chandelle allumée fichée dans un candélabre.

Elle fait quelques pas. Le jour vient mal à travers les carreaux ternis. L'odeur est de poussière et de suif.

C'est une chapelle ardente.

Un autel.

Fixées contre la tapisserie, montant jusqu'au plafond ou bien simplement placées sur la table, voici les reliques.

La photographie d'Eugène en soldat trône au beau milieu, cernée d'une couronne de clichés plus anciens, des hommes faits, des enfants mâles aux visages graves. Un fût d'obus travaillé, gravé de chardons en relief, un grand crucifix noir, des coulures partout de cire blanche, un jardin de buis bénits noués de rubans, des éventails déployés, des lettres manuscrites rebrodées de fil rouge, de longues guirlandes de fleurs et d'étoiles en tissu, une statuette recollée de la Vierge à l'enfant. Des cailloux de rivière. Un couteau à manche de corne. Un mouchoir plié. Un papillon sec. Une pipe. Un rosaire en graines de bois. Un Diplôme d'honneur. Une toupie. Et là, dans une cruche, neuf pavots de soie rose sur lesquels la lueur vacillante de la flamme vient mettre des reflets jaunes.

Les yeux de Jeanne se mouillent et se froissent.

Sans faire de bruit, sur la pointe des pieds, Sidonie vient d'apparaître derrière elle et se remet à chanter sa chanson de folle en se dandinant.

Ses doigts sont raides comme des mains de poupée. Sa voix aigre flotte et tangue. Sa figure est pleine de lumière.

## 21

Jeanne a fini par fermer la porte et s'en retourner chez elle. Sous la couverture, ça respire fort et trace toujours la même silhouette d'arbre tombé.

Elle est debout au milieu de la chambre et le décor familier tournoie dans son œil.

Elle voit et sent le poêle encore tiède. Elle voit les pavots morts, dont certains manquent, sur la table et sur la ficelle. Les trois pichets de terre, en rang sur le bahut, garnis de roses collées et de fleurs parmi les plus extraordinaires qui soient nées de sa main. La capote pendue, dont un pan bleuâtre pointe hors du débarras. Le miroir, les flacons, la casserole et la poêle, la photographie de soldat suspendue à un mètre du sol, à portée de Léo. Le lit-cage, vide, avec la poupée au milieu, les bras grands ouverts.

Jeanne soulève le petit oreiller creux. Le pochon chéri de l'enfant est caché au-dessous. Elle desserre le cordon et l'ouvre, juste un peu. Elle regarde. Les pétales et les plumes. Œillet, Grosse Verte, Mimi Toton, Canard, Grande et Petite Capucine, Mimosa, Radis. Et au fond, les feuilles vertes sans nom.

Le courage l'a quittée. Elle essaie de s'asseoir à sa table, de se remettre au boulage, au montage, au griffage, mais dans ses doigts le geste ne se sait plus.

Elle se pose alors à la bordure du lit, respire fort à son tour et les deux souffles, dans la pièce, enflent et se répondent au hasard. Le réveil marque deux heures de l'après-midi.

Elle se déshabille.

En chemise, elle monte doucement sur le lit, se glisse sous l'édredon. Toussaint est couché sur le ventre, la figure tournée de son côté à elle. Le bandeau est sur le dessus. Sa grande chemise d'homme, autour de sa lourdeur, vrille comme une peau de mots empêchés.

Deux heures.

Un dimanche, à l'été 1913, ils s'étaient retrouvés pareillement allongés côte à côte et à cette même heure. C'était sous un arbre, elle s'en souvient tout à coup. Avec d'autres familles, ils étaient partis passer la journée au bord de l'eau, aux environs de Nogent.

Toussaint s'était assoupi le premier, le visage rouge de chaud, d'air et de boisson, mangé de brins d'herbe jaunis. Les manches de sa chemise étaient troussées jusqu'au-dessus des coudes et, sur son dos, sur sa peau luisant d'une sueur apaisée, sautillaient mollement les ombres des feuilles. À petits cris, des gosses jouaient là-bas, eux aussi abrutis de soleil.

Jeanne s'était renversée avec précaution le long de Toussaint, sur le dos, les yeux dans le ciel. L'odeur grillée du foin et de la terre venait dans ses narines. Elle avait tourné la tête vers lui, l'avait observé dormir un moment. Une fourmi faisait son chemin sur le pré mal fauché de sa joue.

Bella était morte depuis soixante-trois jours.

De l'enfant à la vie minuscule, Jeanne n'avait eu le temps de garder une image de papier, mais seulement, se mêlant à l'instant au léger ronflement de son père, le souvenir de sa respiration douloureuse et du velouté de son cou.

Tout en observant la fourmi approcher les lèvres de

Toussaint, brillantes encore du casse-croûte et du cidre, Jeanne pensait à sa fille.

Elle ne pleurait pas.

Depuis plusieurs semaines, son corps devenait dur et chaud, vibrant comme un bourgeon de vigne. Et malgré ses seins tendus, son air las, son manque d'appétit, Toussaint n'avait rien vu.

Elle avait attrapé la main aux ongles noircis, l'avait ouverte et posée là, bien au-dessous de sa poitrine. À la seconde où ses paupières allaient se fermer, celles de Toussaint s'étaient ouvertes, ils s'étaient regardés. Elle avait simplement serré les lèvres et le bleu de nigelle avait ruisselé sur elle. Elle s'était endormie d'un coup.

Dans le lit, Jeanne se penche au-dessus de lui.

Le sommeil de Toussaint, immense et pur.

Si elle voulait, elle pourrait arracher son bandeau sans qu'il s'en aperçoive. Sur le bord, à la lisière, se dessine l'amorce contrariée d'une lèvre qui, béant, laisse entrevoir une cavité marine. Elle pourrait se glisser là. Elle pourrait découvrir enfin la cicatrice, la respirer. S'il ne veut la donner, elle pourrait la lui prendre.

Elle approche la main, effleure la peau rêche et chaude du menton. De l'autre côté du mur, la machine à coudre poursuit son incessant bourdonnement tandis que, par la fenêtre, s'infiltre la litanie familière du chiffonnier ambulant.

Toussaint ne bouge pas. Il dort tout à fait, si profondément englouti qu'il pourrait n'en jamais revenir.

Elle n'a pas peur. Ni de lui ni de la blessure.

Au début, oui, elle a tenté d'imaginer à quoi ça ressemblait, là-dessous. La bouillie de chairs et le sang caillé, la torsion, la trouée de peau à la vue de laquelle, peut-être, elle ne pourrait survivre.

Et peu à peu, le dégoût, l'effroi se sont amollis. Car rien

n'était plus douloureux que la complainte enfantômée de Sidonie ni plus monstrueux que ce bandeau blanc.

Mais le prendre de cette manière, en voleuse, non, elle ne veut pas.

Elle appelle.

Elle appelle Toussaint jusqu'à ce qu'il sursaute et se dresse. Elle n'a pas voulu l'épouvanter, c'est pourtant ce qui se produit, lorsque la cinquième fois qu'elle prononce son nom, haussant la voix, il tressaille comme un animal traqué et laisse échapper de sa gorge défaite un grognement d'ours.

Elle ne cherche pas à le rassurer. Elle le dévisage calmement en avalant sa salive, un peu trop vite mais sans fléchir. Elle attend qu'il reprenne ses esprits et, quand la croûte de frayeur et de sommeil s'est détachée de lui, elle ferme les yeux et se concentre de toutes ses forces sur sa bouche d'avant, celle dont par exemple ils écrivaient, sur son livret militaire, qu'elle était *pleine*.

Elle l'était bel et bien. Elle était pleine d'elle, sa bouche, et pendant toutes ces années Jeanne était emplie de la bouche de Toussaint.

Elle extrait quelque chose de dessous le drap, qu'elle place sur son visage et maladroitement noue en arrière, dans ses cheveux. C'est le premier bandeau, celui que, l'autre jour, il avait taché de fumée et de vin. Dans son coin, elle l'a lavé avec soin, pétri au savon noir et à l'eau jusqu'à ce que les traces disparaissent, puis elle l'a fait sécher à plat au secret de sa jupe, sur la peau ronde de sa cuisse.

Elle l'a posé de travers. Le miroir est trop loin pour l'ajuster comme il faut. Toussaint est son seul miroir.

Du bandeau elle a couvert la largeur de sa bouche, sa joue gauche et une bonne partie de son nez. Sous le tissu, ses lèvres s'ouvrent, agitent la toile d'une salve de mots invisibles.

Leurs yeux tressautent en se cognant et pourtant peu à peu s'apaisent, se trouvent, à mesure que s'atténue la violence des battements de leur cœur. Jeanne se penche vers lui et il se recule, raidi. Si elle s'éloigne il se redresse. C'est une sorte de jeu où on ne rirait pas. Leurs regards ajustés forment de l'un à l'autre une corde tendue aux extrémités de laquelle ils se tiennent en se balançant. Sur l'épaule de Jeanne, la bretelle de la chemise se soulève et fléchit, laissant deviner l'arc d'une épaule blanche.

Toussaint est précipité tout entier dans les iris de Jeanne, sautillant de l'un jusqu'à l'autre. Rien n'existe plus que leurs deux couleurs. Le bleu de la chicorée sauvage, le brun des bois écorcés.

Sous le masque de Jeanne, la respiration a formé un large pansement de buée chaude. Elle avance une main vers Toussaint, vers sa joue, du côté couvert, et une sorte de sanglot mêlé de bulles et d'os enfle au profond de lui.

L'oreiller qu'il vient de quitter a dressé vers le ciel la moitié de ses cheveux et Jeanne vient les lisser à petits gestes doux, recueillant sous ses doigts la vapeur du sommeil qui finit de s'enfuir. Toussaint n'a pas bougé, à peine a-t-il frémi au moment où elle l'a touché.

Mais comme sa paume descend, s'enhardit vers l'ourlet de toile, soudain Toussaint l'attrape au bras qu'il jette au-devant de lui, vif et mordeur comme un gros bec d'oiseau.

Les yeux de Jeanne se couvrent à l'instant d'une brûlante pellicule mouillée. Pour ne pas lui en offrir le spectacle, elle voudrait les savoir à l'abri sous le masque, avec sa bouche et son nez et sa joue, et elle se recroqueville sans savoir démêler ce qui tient de la honte et de la colère.

Derrière la cloison, là-bas, le fredonnement de Sidonie qu'on n'entendait plus a repris de plus belle.

Jeanne serre les dents, gronde et arrache son bandeau en même temps qu'un plumet de longs cheveux bruns. Quelle idée ridicule elle a eue. Elle lui en veut de ça aussi, de son espoir.

Maintenant, toute vibrante d'une braise noire qui lui jaillit de l'œil, elle se cambre vers lui, les griffes en avant, le menton levé.

Mais Toussaint se tient pétrifié, les mains posées l'une sur l'autre et contre sa poitrine, comme des feuilles. Il ne la regarde pas. Là, sur la table, ses pupilles s'agrippent aux pétales des pavots.

Sa figure est nue.

Sa mâchoire.

Ses joues.

Sa bouche.

Au-dedans de Jeanne, tout dégringole alors que tout allait bondir.

Elle le regarde et ce qui, sous ses paupières, était né de la rage se gonfle d'une crue immense qui déborde sans bruit.

## 22

Le soldat de deuxième classe Caillet Toussaint, 6e Régiment d'Infanterie, est blessé à Verdun, Côte du Poivre, Meuse (55), le 9 décembre de l'année 1916.

Il est atteint à la face par un éclat d'obus.

À la nuit, après huit heures sur le champ de bataille adossé aux parois d'un entonnoir puis parcourant seul la distance d'un kilomètre en rampant en direction de l'Est, le blessé est relevé puis évacué jusqu'au poste de secours le plus proche par le soldat Buy-Duy et le brancardier Bakker.

La blessure est vilaine. Les fracas osseux et dentaires accumulés dans la trachée ont vraisemblablement provoqué, aux premières heures, une asphyxie partielle. L'abondance de salive et de sang écoulés sur la poitrine peut également faire craindre, avec le froid, la survenue d'une broncho-pneumonie. Pendant soixante-douze heures, Caillet est habité de tremblements.

Au poste de secours, les plaies sont désinfectées en urgence. Par la suite, les soins seront prodigués au mieux mais les équipes médicales, aux effectifs réduits, fatigués, mal préparés et pauvrement outillés, peinent à faire face à l'afflux considérable de blessés. Les décès sont nombreux mais la vie de Caillet, comme celle de la plupart des blessés de la face, ne semble pas menacée.

Neuf jours s'écoulent avant que puisse être envisagée son

évacuation vers l'ambulance chirurgicale. L'alimentation reste alors quasi impossible et ne peut être que liquide. La pneumonie est évitée, mais l'asepsie difficile à maintenir.

À l'ambulance, le chirurgien prend connaissance de l'état du blessé. Ses collègues du poste avancé n'ont pas réussi à éviter que la plaie, considérable, ne se transforme en une confuse flaque de pus malodorante, tandis que la cicatrisation, déjà bien engagée à certains endroits, vicieuse, forme de significatives travées fibreuses. Les tissus commencent à s'épaissir, deviennent cassants.

Une lettre est envoyée à sa femme, ouvrière fleuriste dans le deuxième arrondissement de Paris.

Caillet, déclaré transportable, est évacué vers un centre de chirurgie réparatrice maxillo-faciale de l'intérieur. Durant ce trajet vers la capitale, un sac sous-mentonnier est posé pour recueillir l'excès de salive. Les pansements autour du visage, maintenus serrés, se rétractent avec la salive et le compriment douloureusement.

Le blessé arrive au Val-de-Grâce, assoiffé, deux jours avant Noël. Malgré le maintien d'un bouchon de liège entre les dents, la constriction des mâchoires a commencé.

Sur sa fiche il est indiqué, Mutilation de la joue et de la commissure labiale, fracas du maxillaire supérieur.

L'éclat d'obus a pénétré au niveau de la lèvre supérieure pour venir faire issue au milieu de la joue droite. Chemin faisant, le projectile a brisé les petites molaires, labouré la muqueuse du plancher buccal, une partie de la langue et du maxillaire supérieur droit.

La joue présente une blessure irrégulière s'étendant de la commissure labiale jusqu'au masséter. Des plaies secondaires irradient en tous sens.

Caillet est d'abord photographié avant d'être conduit au laboratoire de prothèses. On l'allonge sur une table, ceint sa tête d'un linge mouillé et place deux tubes de caoutchouc dans ses cavités nasales pour permettre la respiration. On enduit sa figure, plaie comprise, d'un corps gras puis verse la quantité nécessaire de plâtre.

Pendant la phase de séchage, comme cela se produit quelquefois, le blessé est pris de panique. Ses mouvements ayant rendu le matériau inutilisable, l'opération doit être reconduite avec davantage de personnel dès le lendemain.

À partir de ce masque, un moulage de cire témoignant de la spécificité de la blessure de Caillet est réalisé.

Il sera conservé à l'hôpital.

Pendant plusieurs mois, le chirurgien observe les différentes étapes de cicatrisation naturelle et lutte contre la constriction des mâchoires au moyen d'un ouvre-bouche. Le blessé est alimenté en bouillon puis en soupe au moyen d'une sonde puis, dès que possible, d'un canard en caoutchouc.

Une première opération, sous anesthésie locale à la cocaïne, a pour but d'extirper les masses cicatricielles, en positions vicieuses et irrégulières.

Une deuxième, de préparer la future reconstruction de la commissure labiale et du plan muqueux.

Dans le service du Ve Blessés, les hétérogreffes à base de cartilages de truie ou de veau ont été récemment abandonnées au profit d'autogreffes. Les résultats sont encourageants et le blessé, d'abord hostile à la méthode, finit par se laisser convaincre.

Sous anesthésie générale, on effectue un prélèvement des sixième et septième cartilages costaux du côté de la perte de substance. Ces cartilages offrent l'avantage de leur courbure naturelle et se prêtent facilement au modelage.

Les multiples interventions suivantes s'attachent à reconstituer la mâchoire détruite à l'aide de fragments costaux et à reconstruire la joue et la commissure grâce à de successives autoplasties en jeu de patience. Pour combler la dépression observée sur la joue, on procède à l'injection de la valeur d'un œuf de graisse prélevée dans la fesse du patient.

Enfin, la présence d'un corps étranger est détectée incidemment au cours d'une radiographie. Il s'agit d'une molaire inférieure, arrachée lors du choc initial et venue se ficher dans la chair de la langue. Cette dent, presque intacte, sera facilement extraite.

On note une sensible amélioration du confort du blessé à la suite de cette extraction mais celui-ci, dorénavant, s'oppose obstinément à toute nouvelle intervention. Contre l'avis du chirurgien et malgré une évolution jugée assez satisfaisante, le processus de reconstruction est donc interrompu avant terme.

Une prothèse pour remplacer les dents absentes est posée. La mastication et l'élocution restent néanmoins difficiles.

# 23

Ils se rendent ensemble à l'école maternelle pour y chercher Léo. Ils sont partis à temps, en sursaut, dans une sorte de précipitation fiévreuse. La petite n'aura pas, cette fois, à attendre sous le préau.

Voilà si longtemps qu'ils n'ont pas marché côte à côte.

Les premiers mètres rue de la Lune, au sortir de la maison, Jeanne est tentée de laisser Toussaint prendre sur elle un peu d'avance, tant elle est pleine encore du roulement des images et des larmes. Elle ne sait plus être debout avec cet homme-là.

Dans les cheveux de Toussaint, sur sa tête aplatie à l'arrière, les minces liens de coton blanc ont été noués par elle juste avant leur départ. Elle ralentit pour le regarder s'éloigner, pour avoir de quoi s'appuyer, ses épaules et son dos, mais il s'arrête, l'attend sans se retourner. Alors elle s'avance tandis que revient dans son œil, comme ce soir d'octobre où il était apparu dans l'embrasure de la porte, la sensation troublante de le trouver grandi.

Ils marchent de front dans le jour tombé. Ils ne se touchent pas mais s'efforcent, malgré le chaos des pavés et les obstacles de la rue, d'accorder leur pas l'un à l'autre. Et dans son allant essoufflé, Jeanne adopte sans y penser les mêmes attitudes que Toussaint.

Bien qu'une notable excitation flotte dans l'air de Paris

en cette fin d'après-midi, elle se ferme aux gens alentour, à leurs regards curieux. Elle contracte les muscles de son cou. Rassemblée tout entière dans ses jambes, elle pose ses souliers sur le sol avec circonspection. Et traverse la ville avec ses pieds d'enfant, comme autour de Replonges elle fendait les champs de maïs.

En bordure du préau, Jeanne se dirige à l'écart des autres mères. À son entrée dans la cour, elle a salué certaines d'un bref mouvement de tête puis s'est éclipsée avant de pouvoir lire, sur leur visage, la surprise de la trouver, elle, Jeanne Caillet mère de Léonie, accompagnée d'un homme. Et qui plus est, d'un homme de cette sorte.

La cloche vient de sonner et la cour de l'école résonne d'un noir clapot de marmaille. Léo, quelque part, est enfouie dans le vacarme et le tissu des autres. Avec l'habitude, sa mère est entraînée à rapidement dénicher l'enfant dans le fourmillement de bérets, de pèlerines et de tabliers. Elle aperçoit bientôt, là-bas, son dos étroit sautillant sous deux courtes tresses.

Mais Toussaint ne sait rien de tout ça, ce pays de cris, de chiffon, de mouvements, il ne connaît sa fille que marmonnant seule et calme avec ses pétales, baignée de silence. Il n'a pas l'idée qu'elle ressemble si peu mais autant aux enfants de son âge. Immobile, Jeanne tient sa fille au bout de ses yeux tandis que, désorienté, il la cherche encore avec appréhension.

Et malgré son désir d'échapper à la curiosité des commères, elle se place au plus près de lui, juste au-devant, leurs étoffes se frottant quand l'un ou l'autre se hausse pour mieux entrevoir. Toussaint est là-derrière, lourd et massif. Elle entend sa respiration, dont une moitié gicle au-dehors du bandeau. Elle sent sa vibration, son inquiétude, elle se découvre plus solide.

Lorsque enfin Léo abandonne l'écheveau de la meute pour se diriger vers elle, Jeanne devine, à son pas distrait, ondulant, qu'elle n'a pas encore remarqué l'inhabituelle silhouette qui patiente en retrait. Simplement, pour marquer ce qui reste de sa rancune, la petite laisse traîner ses yeux et ses godillots sur le sol poussiéreux de la cour.

Et puis elle est là.

Ils sont là, tous les trois. Embarrassés de leurs yeux, de leur bouche chacun à sa manière.

Léo, soudain timide, frotte nerveusement ses doigts sur le devant taché de son tablier à carreaux. Jeanne s'apprête à faire volte-face quand Toussaint se penche, brandit devant sa fille une main qu'il ouvre grand. Un cylindre s'y découvre, enveloppé de papier crissant, brisé net en deux mais brillant malgré deux années passées dans la poche d'une capote de soldat. C'est un bâton de sucre de pomme.

Ils marchent en silence jusqu'à la rue de la Lune. Ils vont, maladroits. De temps en temps, la petite, généralement volubile au sortir de la classe, oublie quelle étrangeté il y a à cheminer ainsi, dans le grand air de la rue, en compagnie de ses deux parents. Elle rompt alors le silence à coups de langue joyeuse, échappés, qu'elle ravale aussitôt que le visage de Toussaint, ceint de blanc, se tourne vers elle.

Ils vont au bout, montent les étages, ils sont un seul vieux corps fourbu.

Toussaint suspend sa capote imbibée de froid, fourrage dans le débarras puis dans le poêle assoupi. Il laisse sa femme et sa fille revenir à leurs gestes. L'air a pris une épaisseur étrange.

Jeanne prend sa respiration. Retirant les manches de la pèlerine de Léo, elle s'agenouille, annonce qu'elle s'est trompée, qu'elle a mal vu, qu'elle a mal réfléchi.

Pour les fleurs disparues, elle veut dire. Elle s'est trompée. C'est ça. Elle a mal cherché, elle a mal commencé. Car voilà qu'elles s'étaient envolées ailleurs. Les fleurs. Elle le sait maintenant. Léo aurait dû dire. Pour Sidonie et les neuf pavots de la veille.

Léo desserre les mâchoires, oui, elle est venue, Sidonie.

Et Jeanne hoche la tête avec un sourire blanc.

Avant de se remettre à l'ouvrage, elle se saisit des trois pichets posés sur le bahut et les place délicatement l'un après l'autre aux pieds de sa fille, sur le carrelage. Ils dégueulent de fleurs énormes qui sont autant de trophées, illustrant quinze années de miracles. Les trésors de Jeanne, depuis le tout début.

Son premier bleuet en mousseline de soie et puis pivoine, camélia, primevère de la Chine, pois de senteur et jacinthe, six roses de variétés multiples, lilas, clématite, arum, œillet, renoncule, lys veiné. Sur le côté, s'élance même un pavot à la tige tourmentée, d'un orange prodigieux, vibrant comme un poison.

À part, isolé dans le plus petit des trois pichets, un gros dahlia allume sa torche. Celui-là est différent des autres. Il est plus qu'une fleur. Il est une présence béante, une morsure. Ce dahlia a été assemblé au mois d'avril 1913, au dernier jour de la maladie de Bella. Celui-là, Jeanne ne peut le regarder sans que bégaie, soudain, le pauvre soupir de son premier enfant.

Le trio de pichets est déposé à terre et Jeanne demande à Léo de choisir. L'une de ces merveilles est pour elle.

Jusque-là, à peine si la petite avait le droit de poser l'œil sur le dessus du bahut. Les fleurs semblaient bien plus sacrées que les cartes de charbon ou de sucre, et voilà maintenant qu'il faut qu'elle désigne sa préférée. Jeanne indique quelques pistes. Celle-ci, avec sa belle tête rose, ou cette autre, regarde la couleur, on dirait qu'elle est encore au soleil.

Mais Léo pince les lèvres. Elle ne sait pas. Lentement, elle pointe un doigt vers l'une et puis l'autre, sans pouvoir décider.

Jeanne se relève, rallume sa chaufferette, se lave les mains au savon et s'apprête au travail.

Toussaint fait alors un pas, tend les mains, soulève Léo dans les airs et l'installe au centre du lit dont il a rabattu et lissé l'édredon. À le voir en mouvement, en contact, Jeanne devine à quel point il est surpris par la matière même de sa fille, son poids de petit chat, sa disposition naturelle à voler ainsi à travers la pièce, les pieds lancés, sous la corolle de son tablier.

L'enfant se tient assise, sérieuse, les yeux grands, les doigts encore repliés sur le bâtonnet de sucre de pomme, et Toussaint l'ensevelit soudain sous les fleurs.

D'abord, tandis qu'il verse l'un après l'autre le contenu des pichets sur le lit, c'est un affolement de couleurs empoissées les unes par les autres. Mais Toussaint, appliqué, trouve à chacune sa place au long des jambes de Léo. Par jeu, hochant la tête, il porte certaines fleurs jusqu'à ses narines, les respire, posées douces contre la moustache et la bordure du bandeau blanc.

Derrière la table, les mains toujours actives, Jeanne tend le cou pour mieux voir.

Et Léo se détend, esquisse une grimace, un froncement qui vaut peut-être un sourire. Toussaint se lance. Dans l'obscurité du débarras, il fourrage jusqu'à dénicher sa vieille musette de guerre qu'il porte sur le lit et fouille poche après poche. Il a trouvé. C'est une enveloppe minuscule et renflée, il l'ouvre avec précaution. La lampe éclaire mal.

De l'autre côté, le cep tourne mécaniquement sur son axe entre les doigts de Jeanne, se couvrant d'une fine épaisseur de coton.

Sur la paume ouverte de Toussaint viennent d'apparaître une pincée de pétales secs, un scarabée noir avec des pattes rognées, deux graines d'arbres dont il ignore les noms, un fossile minuscule et une molaire inférieure presque intacte.

S'extirpant alors avec une délicatesse inaccoutumée de la houle des fleurs, Léo rampe vers son lit-cage et, bientôt de retour sur l'édredon avec son pochon de tissu, reprend sa place exacte. Le gazouillis, retenu depuis plus d'une heure, jaillit d'elle comme une volée de plumes. La pièce s'emplit d'oiseaux.

Maintenant, elle cale sur son tablier une fleur qu'elle vient d'élire parmi les plus rebondies et, inventant une créature nouvelle, enfin sienne, elle pique au creux de ses pétales, ici, là, un à un, Œillet, Grosse Verte, Mimi Toton, Canard, Grande et Petite Capucine, Mimosa, Radis.

Gauchement, Toussaint approche sa paume. Viennent alors s'ajouter au semis les brisures végétales, animales, minérales, modestes trophées de la guerre.

Sur les genoux de Léo, le dahlia de Bella ressemble à un jardin.

## 24

On dirait qu'ils ont attendu tout le jour.

Ils ont mangé la soupe maigre et le pain. Sur le fauteuil, agité, Toussaint a lu le journal en hochant la tête, laissant, par intermittence, courir son œil sur les motifs de la tapisserie tandis qu'il réfléchissait nerveusement.

Jeanne travaillait sans bruit.

Léo s'enhardissait et, au milieu de l'après-midi, elle a flanqué le moulin à café sur celui des genoux de son père qui ne tressautait pas. Après le bain de fleurs, elle voulait qu'il invente pour elle un nouveau jeu. Toussaint a ouvert le tiroir du moulin, à deux ils ont scruté, reniflé l'intérieur, tourné la manivelle à vide. Dans la maison, il ne restait plus le moindre grain de café et ni l'un ni l'autre n'ont trouvé quoi moudre qui ne soit l'air emprisonné dans la boîte, saturé de la bonne odeur d'avant-guerre.

De l'autre côté, la machine à coudre de Sidonie ronronnait par à-coups.

Toussaint a fini par laisser le moulin aux mains de la petite et s'est tourné vers le miroir. Il a dénoué un lien sur sa nuque et a relevé le bandeau. Il s'est rasé à gestes secs et précis, avec un peu d'eau et du savon, sans laisser voir son visage, comme il fait toujours depuis qu'il est rentré.

Il a taillé ses ongles avec un petit couteau affûté. Il a rafistolé la lampe Pigeon dont la molette était grippée depuis des mois. La lampe Pigeon. Il en a toujours aimé la lumière, sucrée, très jaune. Du coin de l'œil, Jeanne l'a regardé passer son index sur les lettres gravées, *Mr Pigeon offre 10 000 Fs garantis à celui qui fera exploser une lampe Pigeon.* Voilà si longtemps que, de toute façon, elle n'a plus d'essence à mettre dans cette lampe.

Ensuite, Toussaint s'est patiemment attelé à retirer les bandes de papier que, des mois plus tôt, elle avait collées sur les vitres pour éviter qu'elles n'éclatent si une bombe atterrissait à proximité. Tamponnant le verre à l'aide d'un chiffon mouillé puis le grattant avec une lame, il semblait certifier que les explosions allaient s'arrêter pour toujours.

De son côté, Jeanne était aux fleurs. On était dimanche mais il fallait bien combler le retard, accumulé depuis des jours.

Combler le retard, occuper l'espace et les heures.

Les pavots apparaissaient entre ses mains et venaient se percher sur le fil à sécher, parfaitement cintrés, d'un rose délicat. C'était presque un miracle. Ses doigts, ses outils étaient tout entiers à l'ouvrage. Le reste de Jeanne, elle ne savait pas.

Ils attendaient.

Et puis, enfin, Léo a disparu dans le sommeil, versée en arrière au fond de son lit-cage, les mains ouvertes, les genoux repliés, tétant le bras de sa poupée. Le troupeau des pétales et des plumes, grossi des offrandes de Toussaint, avait réintégré la quiétude du pochon tandis que le dahlia choisi, trop pansu pour s'y loger, partageait le même oreiller, sombre et vibrant comme un oursin énorme.

Jeanne.
Toussaint.

Ils sont seuls et leurs corps, dans la pièce, prennent toute la place. Toussaint s'installe sur le lit, sans se glisser sous l'édredon. Le dos calé contre le mur, il tient entre ses mains, grand ouvert et le dissimulant, le *Petit Parisien* qu'il a pourtant lu et relu.

Jeanne boule et gaufre et encolle et monte et tourne et suspend et couche les pavots jusqu'au milieu de la nuit. Elle fredonne, bâille, ses os sont embrasés d'épuisement.

Par moments, Toussaint se laisse endormir tout assis. Les pages du journal s'abaissent alors sur le gros pantalon de velours, découvrant la tête tombée contre la poitrine, les cheveux trop longs qui dardent sur le crâne et viennent s'amollir sous l'oreille.

Jeanne est songeuse. Le bandeau blanc aspire toute la lumière.

Elle se souvient de l'autre qu'il était. Celui qui, à *L'Épatant*, au *Phénix-Cinéma* où ils allaient de temps en temps avant la guerre, savait autour d'elle apprivoiser l'obscurité. Elle se le disait chaque fois. Son ardeur. Sa bouche, dans cette ombre. On ne pouvait trouver plus beau que la bouche de Toussaint.

Et il semble aujourd'hui un pantin oublié dans un coin, une baudruche percée.

Sans se dire les mots, elle voit bien que cet homme sur son édredon n'a rien d'un héros. Elle comprend qu'un Boche, Toussaint n'en a sûrement pas tué un seul, peut-être qu'il n'en a jamais vu, face à face, autrement que sous forme de macchabée. Il n'a tué ni sauvé personne, son mari, il est encore couvert de boue, de poux, de froid, de bruit, de colique et de peur. La guerre a creusé et creuse encore en lui.

Il est un creux immense, et Jeanne ignore s'il est possible de l'emplir. Si à eux deux ils en seront capables.

Elle pense au grand gâchis des hommes.

Elle pense au mari de sa sœur aînée, père de quatre garçons, abattu aux premières semaines de combat. À son frère, né un an après elle avec des jambes tournées. Réformé, il est demeuré à la ferme avec ses parents, raillé, recroquevillé. Elle pense aux boiteux, aux manchots. Aux disparus. Aux fusillés pour l'exemple dont elle a entendu les histoires. Aux gazés. À ceux qui, tout autour, sont tombés fous. Aux morts, à tous les morts.

Elle se demande aussi s'ils seront nombreux qui, comme Toussaint, ne pourront dire ce qu'ils ont traversé de violence, qu'ils en soient mécaniquement empêchés ou non.

Elle pense aux héros tristes.

Chez Sidonie, la machine et la chanson se sont tues. Elle pense aussi à Sidonie. Le temps va passer avant qu'elle en revienne, Sidonie.

Quand son chat avait fini par crever, l'année précédente, la lingère l'avait laissé sur le carrelage, les pattes raidies, la babine troussée, jusqu'à ce qu'il se vide, que les puces abandonnent son cadavre, jusqu'à ce qu'il se mette à sentir la charogne et que Jeanne l'emporte elle-même au-dehors.

Elle regarde Toussaint, ce qui reste de lui. Les deux bûches noires de ses pieds dressés au milieu du lit. Ses épaules, qui se soulèvent aux vagues d'une ample respiration. La courbe de ses poignets lâchés, ses poils souples comme des herbes d'eau, ses veines. Sa peau, dont lui revient le goût de viande salée.

Il est deux heures et demie du matin et Jeanne, comme elle mènerait de jeunes enfants au berceau, allonge enfin les derniers pavots dans la soie froissée du carton.

Elle étire ses bras vers le plafond en ravalant un gémissement, essuie sa bouche salie de vert et puis ôte son corsage et sa jupe, ébroue sa chemise, dénoue ses nattes. Elle pose la peau de renard encore chaude sur les jambes de Léo.

Puis elle s'approche de lui, de son côté du lit. Son pas est sûr, tant elle l'a préparé dans sa tête quand ses mains étaient encore là-bas, aux fleurs.

Ses yeux à lui se sont rouverts, il s'est dressé et dans un grand froissement a lancé le journal au pied du bahut.

Il allume la lampe Pigeon, elle va souffler celle à pétrole, sans se demander où Toussaint a bien pu trouver de l'essence. La nuit monte et descend et bientôt une gelée de lumière baigne chacun de leurs mouvements.

Elle dénoue le bandeau, un nœud puis l'autre. Ses bras s'arrondissent autour du crâne fragile.

Et Toussaint se laisse toucher au râpeux de sa moustache tordue, à ce qui de ses lèvres est demeuré plein, au menton bleui, au cou gros de souffle et de sang.

D'un clignement il répond à sa question muette, il dit qu'elle peut, qu'il n'a pas mal. Avec la pulpe de trois doigts elle lit alors sa joue, se hasarde jusqu'à la tempe, redescend au long des nervures.

Le coin droit de la bouche est mangé par une langue de peau rajoutée, épaisse et livide. Une longue fente oblique, grenelée, aux rives encore rougeâtres, fuse vers l'oreille intacte.

Jeanne y met les yeux et la main. Elle se penche et Toussaint ferme les paupières, elle se penche et il la prend aux épaules, la renverse. Sur elle il donne sa masse d'homme et elle pose sa bouche en une caresse lente.

Sous sa langue, la peau nouvelle de Toussaint dessine les reliefs d'une écorce d'orange, parfumée d'une haleine sauvage.

## 25

Le onze novembre apparaît à travers les rideaux et à onze heures retentit le premier coup de canon.

C'est l'armistice.

Pour les Caillet comme pour beaucoup, le mot est neuf. Dans leurs oreilles il n'a que quelques semaines, quelques mois tout au plus. Il crépite, siffle et coupe comme une lame.

La bataille est finie et la liesse du pays se ressent physiquement. On ouvre la fenêtre et se persuade que même la brume, les toits, le ciel, sont différents.

Les fabriques, les usines, les bureaux ont libéré les travailleurs. Les écoles, les écoliers.

Jeanne annonce la nouvelle à sa fille et puis chaque heure la lui répète, comme pour s'en persuader elle-même, pour écouter la phrase venir résonner dans la chambre. La France a gagné la guerre.

Il faut sortir.

Pour commencer, Toussaint imagine quitter la chambre sans bandeau, simplement coiffé de sa vieille casquette. Et puis, au moment de s'engager sur le palier, tandis qu'à côté Jeanne et la mère Birot posent un châle aux épaules ahuries de Sidonie, il fait demi-tour. Léo l'observe s'apprêter devant le miroir, reprendre ses couleurs. Le blanc est à sa place, lisse et net sous l'œil de nigelle.

Lorsque au matin l'enfant a découvert pour la première fois le visage nu de son père, son lent mouvement de réveil a explosé en hoquet. La mère a été consultée, en silence, pour savoir. Et Jeanne hochait la tête.

Alors, jetant un œil rapide au portrait du soldat sur le mur, Léo a claqué des lèvres, s'est laissée retomber sur son drap, murmurant de sa petite voix des secrets à l'oreille sèche du renard.

La guerre est finie. Il faut aller voir.

Les deux femmes tirent la lingère hors de sa tanière, avec patience et fermeté, l'enveloppant de laine, de bras sucrés et de paroles. Les cloches sonnent à Notre-Dame-de-Bonne-Nouvelle et Sidonie tourne une tête d'oiseau affolé.

Elle ne répond plus, elle est vide, toujours vide, Sidonie. Elle n'a plus personne à donner. Mais elle suit. La mère Birot a pris son coude.

Enfin, ils descendent l'escalier tous les cinq, précédés et rejoints par d'autres locataires.

Ils sortent. Ils vont enfin.

Avec des milliers d'autres, ils coulent maintenant sur l'avenue des Champs-Élysées en une ample marée de drapeaux. Dans la cohue, ça braille et ça crépite sous une mousse de chapeaux, de confettis, de fanions. Autour d'un kiosque à journaux, on s'arrache le *Paris-Midi* et le lit à voix haute, en marchant, éberlué. On s'accroche aux réverbères, se penche aux fenêtres. Les rares voitures qui se faufilent sont prises d'assaut. Les midinettes portent au front des rubans tricolores. On oublie la grippe espagnole qui rôde dans Paris.

On y va. On y est.

Toussaint achète un fanion à sa fille au milieu des corps bousculés et, à la vue de son bandeau, on le lui donne pour rien.

D'heure en heure, la foule s'accroît. Beaucoup pleurent et beaucoup rient. Jeanne fait les deux, elle pleure et sourit, parfois tout en même temps. À son côté, une femme répète sans fin des mots sans colère, usés, délavés, ah, s'ils étaient là, et pose sur le bras de Jeanne une main qui ne demande plus rien.

De la mère Birot et de Sidonie on ne distingue, un peu plus loin, que les cheveux rapprochés, blancs et noirs.

Les Caillet ne sont plus qu'un couple avec une petite fille, au milieu d'autres Parisiens.

Ils vont. Ils sont peut-être.

Et Jeanne se dit que pour la première fois les coups de canon entendus le matin n'ont pas réveillé cette terreur qui depuis des mois la mâchait au-dedans. Comme s'il y avait plusieurs manières de tonner, ou un savoir insoupçonné caché au doux de la chair.

La douleur de son pied s'est apaisée elle aussi, depuis qu'un peu plus tôt Toussaint s'est emparé d'une main experte des fameuses Chaussures nationales.

Il s'est occupé d'elle tout entière.

Il a lentement retiré sa chemise, a regardé sa peau et a caressé tant et tant, du plat de la main, la marque rougie par le manche des outils au-dessus de son sein. Il a cherché sur son corps chacune des cicatrices de varicelle venues deux ans plus tôt.

Il a désigné, sur son torse à lui, ce qu'il n'avait pas laissé voir. Par gestes, il a expliqué la plaie bien refermée dévoilant l'endroit où l'on était venu chercher un morceau de ses côtes pour en faire, plus haut, une mandibule fragile.

Ils se sont donné leurs blessures.

Elle marche.

Elle ne sait pas ce qu'elle pleure, ce qu'elle rit. L'armistice ne lui rendra rien. Étourdie, agrandie, elle rit et pleure d'être mêlée aux autres, et de voir, là-devant, une silhouette lentement s'éloigner.

Résistant au flux de la foule, elle s'agrippe à un bec de gaz pour se stabiliser un instant. La haute silhouette de Toussaint se dessine.

Elle ne voit rien du bandeau, des liens noués dans les cheveux. Elle voit, prolongeant le dos de son père, le dos pointu de Léonie qu'il porte sur les épaules et dont les bras dressés s'agitent éperdument. D'une main, l'enfant brandit le fanion de triomphe, de l'autre, le dahlia de Bella qu'en cachette elle a emporté sous sa robe.

Jeanne ignore si, un jour, Toussaint pourra reparler. Elle y réfléchit pourtant, là, au milieu de cette mer qui tous les emmène. La victoire est belle mais elle aplatit tout, voilà ce qu'elle se dit. La victoire assourdit les douleurs personnelles en en faisant plus qu'une, nationale. Elle n'écoute pas. Et Jeanne veut écouter. Elle veut décider, elle veut faire et penser.

Et elle ne sait pas s'il pourra reparler.

Devant, Léo se tourne vers elle, lui sourit et l'appelle.

Et elle ne sait pas s'il pourra revivre.

Elle serre les dents et tous les muscles de sa figure, reprend sa marche lente. Elle a perdu sa vie d'avant, elle le sait. Il faudra pourtant trouver un moyen.

Puisqu'elle veut cet homme-là.

Elle ferme les paupières. À ses épaules, d'autres épaules qui la portent.

Elle voit des images.

Son cou blanc contre son cou à lui. Elle se glisse, ancre son menton sous l'os de la pauvre mâchoire. Et, de larynx à larynx, lui, Toussaint, est donné, lui, sa voix, traverse les épidermes.

Jeanne offrira sa chair et toute la foi qu'elle a gardées, pour que cet homme sache revenir, elle, Jeanne, elle, sa chambre d'écho. Ils seront deux grands oiseaux d'eau aux gorges tressées.

Elle inventera. Il l'aidera. Ils sauront comment faire. Les sons, les mots viendront peut-être. Pour commencer, ils iront se dire par la peau.

Le chapitre concernant la remise des diplômes aux familles des morts pour la patrie a été inspiré par les discours de Ferdinand Brunot et Philippe Maréchal, maires d'arrondissement de Paris à cette période. Ce diplôme était illustré de la Marseillaise de François Rude, ornant l'un des piliers de l'Arc de triomphe.

Le détail des interventions chirurgicales des grands blessés de la face doit beaucoup, lui, aux passionnants comptes rendus d'interventions du docteur Hippolyte Morestin, publiés dans *Bulletins et mémoires de la Société de Chirurgie, 1915-1918.*

Je remercie Sophie Delaporte, ainsi qu'Hélène et Christian Platel.

## DU MÊME AUTEUR

Aux Éditions Phébus

*Les Fleurs d'hiver*, 2014 ; Libretto n° 584, 2017.
*Un territoire*, 2012.
*Grand paradis*, 2010.

Aux Éditions Grasset

*Nuit de septembre*, 2016.

*Cet ouvrage*
*a été reproduit et achevé d'imprimer*
*en août 2017*
*dans les ateliers de Normandie Roto Impression s.a.s.*
*61250 Lonrai*
*N° d'imprimeur : 1702436*

*Imprimé en France*

*Dépôt légal : septembre 2017*